속설에 대하여

속설에 대하여

그것은 이론에서는 옳을지 모르지만,
실천에 대해서는 쓸모없다는

임마누엘 칸트 지음
오 진 석 옮김

도서출판 b

| 일러두기 |

1. 이 번역은 그 저본으로 Über den Gemeinspruch: Das mag in der Theorie richtig sein, taugt aber nicht für die Praxis, 베를린 학술원판 칸트 전집 Ⅷ권 273-313 쪽과 텍스트상 학술원판과 동일하게 편집된 펠릭스 마이너 출판사의 판본 Über den Gemeinspruch: Das mag in der Theorie richtig sein, taugt aber nicht für die Praxis: Philosophische Bibliothek Band 443에 편집 수록, 하이너 F. 클렘메Heiner F. Klemme 편집, Hamburg 1992을 사용하였다. 이 두 판본은 모두 다 1793년 <베를린 월보>에 발표된 판본에 따르고 있다.

2. 본문에서 둥근 괄호( )로 묶은 것과 한글 고딕체로 옮긴 것이나 이탤릭체의 원문, 그리고 진하게 하여 강조한 것들은 모두 다 저자에 의한 것이지만, 대괄호[ ]로 묶은 것은 옮긴이의 것이다. 그리고 이탤릭체로 써진 원문은 한글 고딕체로 표시하였고, 진하게 하여 강조한 낱말들은 원문에서는 철자 띄어쓰기로 강조하고 있으나, 우리말에 적용하기에는 어색한 감이 있어 부득불 진하게 표시하였다.

3. 별표(*)로 표기한 본문의 각주는 모두 다 저자의 것이며, 번호로 표기하여 미주로 단 주해는 본래 마이너 판의 편집자 클렘메의 것을 우리말로 번역하였다.

| 차 례 |

속설에 대하여

그것은 이론에서는 옳을지 모르지만, 실천에 대해서는 쓸모없다는

실천적 규칙들이 원리들로서 일정한 보편성 속에서 생각되고, 그때 그 규칙들의 실행에 필연적으로 영향을 지니는 일군의 조건들이 사상되는 경우에 그 규칙들의 총괄개념 자체는 **이론**이라 일컬어진다. 역으로 각각의 취급이 아니라, 일반적으로 표상된 처리절차의 일정한 원리들을 따르는 것으로서 생각되는 것과 같은 목적의 성취만은 **실천**이라 한다.

이론이 제아무리 완전하다 할지라도, 이론과 실천 사이에는 결합과 한쪽에서 다른 쪽으로의 이행을 위한 또 하나의 중간 항이 요구된다는 것이 눈에 띈다. 왜냐하면 규칙을 포함하는 지성개념에는 어떤 것이 그 규칙의 경우인지 아닌지를 실천가로 하여금 구별할 수 있게 해주는 판단력의 행위가 부가되어야만 하기 때문이다. 그리고 판단력에 대해서는 그 판단력이 포섭에서 준거해야 하는 규칙들이 언제

나 새로이 주어질 수는 없으므로(왜냐하면 그것은 무한히 진행될 것이기 때문에), 자신의 삶 속에서 결코 실천적으로 될 수 없는 이론가들이 있을 수 있는데, 왜냐하면 그들에게는 판단력이 결여되어 있기 때문이다. 예를 들어 자신들의 학교를 훌륭하게 만들었지만, 만일 그들이 진찰Consilium을 해야 한다면 어떻게 행동해야 할지 모르는 의사들이나 법학자들이 존재하는 것이다.── 그러나 또한 이러한 자연소여[소질]Naturgabe가 마주쳐지는 곳에서조차도 전제들의 결함이 있을 수 있다; 말하자면 이론은 불완전하게 생길 수 있고, 그 이론의 보완도 어쩌면 더 해볼 수 있는 시도들과 경험들을 통하여서만 이루어질 수 있는바, 그 시도들과 경험들에 의해 자신의 학교 출신의 의사, 농부 또는 재무사가 새로운 규칙들을 사상하여 그의 이론을 완전하게 할 수 있고 완전하게 해야 한다. 여기서 만일 그 이론이 실천을 위하여 거의 쓸모가 없었다면, 그것은 그 이론에 원인이 있는 것이 아니라, 그 사람이 경험으로부터 배웠어야 했을 이론Theorie[Θεωρία 바라봄, 관찰]이 거기서 **충분하지 않았다**는 데에 있고, 비록 그 사람이 그 이론을 스스로 제시할 수 없고 교사로서 보편적인 명제들로 체계적으로 진술할 수 없다고 할지라도, 따라서 이론적인 의사, 농부 등등과 같은 사람의 이름에 대한 권리를 주장할 수 없다고 할지라도 그러한 경험이 참된 이론이다.── 그러므로 아무도 하나의 학문에 있어서 실천적으로 통달하였다고 사칭할 수 없고, 다만 그가 스스로를 자신의 전문분야에서 무식한 사람이라고 하지 않고서는 이론을 멸시할 수 없다: 그때 그가 시도들과 경험들 속에서 헤매는 것을 통하여 (본래 이론이라 일컬어지는 것을 형성하는) 일정한 원리들을 모으지 않고, 또 그의 업무에 대한 (그때 방법적으로 절차를 밟게 되는 경우에는 체계라고 하는) 하나의 전체를 생각하지 않고서는 이론이 그를 데리고 갈 수 있는 것보다 더 멀리 나아갈 수 없다고 생각하기 때문이다.

그렇지만 그럼에도 불구하고 한 무지한 자가 이론을 소위 자신의 실천에 있어서는 불필요하고 없어도 되는 것이라 하여 내버리는 것이 오히려 한 영리한 사람이 그 이론과 그 이론의 가치를 학교를 위한 (단지 때때로 머리를 훈련하기 위한) 것으로 치부하면서, 동시에 그때 다음과 같이 주장하는 것: 그것은 실천에 있어서 완전히 다르다는 것, 즉 학교로부터 세상으로 나오게 되면 공허한 이상들과 철학적인 꿈들을 좇아가고 있었다는 것을 깨닫게 된다는 것; 한마디로, 이론에 있어서는 훌륭하게 들리는 것이 실천을 위하여서는 어떠한 타당성도 없다고 주장하는 것보다 훨씬 참을 만하다. (이것은 종종 다음과 같이 표현되기도 한다: 이 명제 또는 저 명제는 **명제적으로**in thesi는 타당하지만, **현시적으로**in hypothesi는 아니다.) 이제 보편 역학이나 포탄발사에 관한 이론이 물론 면밀하게 고안되었지만, 그 실행에서 경험은 이론과는 완전히 다른 결과들을 주기 때문에 실천에 있어서는 전혀 타당하지 않다고 하여 보편 역학에 대해 거부하려는 경험적 기계공이나 포탄발사에 관한 수학적인 교설에 대해 거부하려는 포병은 그저 비웃음을 살 것이다(왜냐하면 만약 전자에 대해서는 또한 마찰의 이론이, 후자에 대해서는 또한 공기저항의 이론이, 따라서 일반적으로 이론이 보다 더 많이 부가된다면, 그 이론들은 경험과 아주 잘 합치할 것이기 때문이다). 그렇지만 오로지 직관의 대상들을 다루는 이론, 즉 직관 속에서 이 대상들이 단지 개념들을 통하여서 표상되는 이론과 같은 (수학의 객체들과 철학의 객체들

같은) 완전히 다른 사정이 있다: 철학의 객체들은 아마도 아주 쉽고 나무랄 데 없이 (이성의 측면에 의해) **생각**[사유]될 수 있지만, 아마도 전혀 **주어질** 수 없을 것이고, 기껏해야 한낱 공허한 이념들일 것이며, 이 이념들에 의해서는 실천에 있어서 전혀 사용될 수 없거나 더욱이 실천에 불리한 사용이 될지도 모른다. 따라서 저 속설은 확실히 이러한 경우에 있어서는 그 족한 정당성을 가질 수 있을 것이다.

오로지 **의무개념**에 근거하고 있는 한 이론에서만 이 개념의 공허한 이상성에 대한 우려가 없다. 왜냐하면 우리 의지의 어떤 한 작용에서 출발하는 것은 만약 이 작용이 또한 경험에서도 (그 경험이 지금 완결된 것으로 생각되든 완결에 점점 접근하고 있는 것으로 생각되든 간에) 가능하지 않다면 의무가 아닐 것이기 때문이다; 그리고 현재의 논문에서는 이러한 종류의 이론에 관하여서만 이야기된다. 왜냐하면 이러한 이론에 의해서 이론에 있어서는 옳을지 모르는 것이 실천을 위하여서는 타당하지 않다고 하는 것을 철학의 스캔들이라고 희한하게 꾸며대지 못하게 되기 때문이다: 그리고 더욱이 잘난 척 멸시하는 어조로, 이성이 자신의 최고의 명예를 두는 곳에서 그 이성 자체를 경험을 통하여 개조하고자 하는 온통 오만불손함으로; 그리고 똑바로 서서 하늘을 바라보도록 만들어져 있었던 한 존재에 부여된 눈으로 보다 두더지의 눈을 가지고서 더 멀리 그리고 더 확실하게 볼 수 있다는 지혜의 오만함으로 꾸며대지 못하게 되기 때문이다.

이제 말 많고 실행 없는 우리 시대에 매우 통상적으로 되어버린 이러한 준칙은 이 준칙이 도덕적인 어떤 무엇(덕의 의무 또는 법의 의무)에 관련하는 경우에는 최대의 손해를 입힌다. 왜냐하면 여기서 도덕적인 어떤 무엇은 (실천적인 것에서의) 이성의 규범Kanon에 관계하는바, 이곳에서 실천의 가치는 전적으로 실천에 깔려있는 이론에 대한 그 적합성에 기인하며, 만일 법칙을 실행하는 경험적인 그래서 우연적인 조건들이 그 법칙 자체의 조건들로 삼아지는 경우에는 모든 것을 잃게 되고, 그렇게 **지금까지**의 경험에 따라 개연적인 하나의 출구[결말]를 헤아리고 있는 하나의 실천이 그 자체로 존속하는 이론을 통제하게끔 정당화되기 때문이다.

나는 이 논문의 분류를 이론들과 체계들에 대해 매우 불손하게 거부하는 명예 있는 사람[1]이 자신의 대상을 판정하곤 하는 세 개의 상이한 입장들에 따라 한다; 따라서 삼중의 성질로: 1. **사인**私人Priv-atmann이면서도 **실무자**Geschäftsmann로서, 2. [고위]**정치인**[또는 국정인]Staatsmann으로서, 3. **세계인**Weltmann(또는 세계시민 Weltbürger 일반)으로서. 이 세 가지 인격들은 이제 그들 모두를 위한 그리고 그들의 최선을 위한 이론을 작업하는 **학교인**Schulmann을 다음과 같은 이유로 닦달한다는 점에서 일치한다; 즉 그들이 그 최선을 더 잘 이해한다고 잘못 생각하므로 실천에 있어서는 쓸모없는, 그들의 경험한 지혜에 단지 방해만 되는 한 현학자로서 그를 그의 학교로 돌려보내기 (**그는[Aeolus]저 영역에서 폭넓어질 것이다!** *illa se iactet in aula!*)[2] 위하여 닦달한다.

그러므로 우리는 실천에 대한 이론의 관계를 세 개의 항목들로: **첫째로** 도덕일반에서(각 **인간**의 안녕Wohl의 견지에서), **둘째로 정치**에서(**국가**의 안녕과 관련하여), **셋째로 세계시민적인**kosmopoli-tischer 고찰에서 (전체로서 **인간류**의 안녕의 견지에서, 그리고 더욱이 이 인간류가 모든 장래의 시대들을 산출하는 계열에서 동일하게 진보함 속에 있는 것으로 이해되는 한에서) 표상하게 될 것이다.——
그러나 그 항목들의 제목붙이기는 논문 자체로부터 나타나는 이유
들로 인해 실천에 대한 이론의 관계를 통하여 **도덕**Moral으로, **국가
법**Staatrecht으로 그리고 **국제법**Völkerrecht으로 표현될 것이다.

I. 도덕 일반에 있어서
실천에 대한 이론의 관계에 관하여

교수 **가르베**Garve* 씨의 몇 가지 이의제기들에 대한 답변을 위하여

　　내가 하나의 동일한 개념의 사용에 있어서 한낱 이론이나 실천만을 위하여 타당할지 모른다는 것에 대한 본래의 논쟁점에 들어가기 전에: 나는 나의 이론을 내가 다른 곳에서 그 이론을 소개한 그대로 가르베 씨가 그것에 관하여 제시하는 생각과 대조시킬 수밖에 없는데, 이것은 우리가 또한 서로에 대해서 이해하는지를 미리 알기 위함이다.

●　●　●

* **크리스티안 가르베**Christian Garve의 『**도덕과 문학의 상이한 대상들에 대한 시론들**』*Versuche über verschiedene Gegenstände aus der Moral und Literatur*, von Ch. Garve. 제1부, 111-116쪽.[3] 나는 나의 주장들에 대한 논쟁을 이 품위 있는 사람의 이의제기들이라 하는데, 이 이의제기들은 그가 나와 함께 (내가 희망하는 것처럼) 동의하길 바라는 것에 대한 것이다; 즉 거부하는 주장들로서 방어를 촉발하는 공격들이 아니다; 그것[공격]을 위하여서는 여기에 장소가 없을 뿐만 아니라 나한테서도 그럴 마음이 없다.

A. 나는 도덕을 잠정적으로 하나의 학문에 있어서의 인도[도입]Einleitung를 위한 것으로 설명하였었는데, 거기서 그 학문은 어떻게 우리가 행복하게 되는지가 아니라, 어떻게 행복할 만한 가치가 있게 되어야 하는지를 가르친다.* 여기서 나는 의무에 따르는 것이 관건인 경우에 그것으로 인하여 인간에게 그가 자신의 자연적인 목적, 즉 행복을 **포기해야** 한다는 것이 강요되지 않는다고 주해다는 일을 빼놓지 않았었다; 왜냐하면 유한하며 이성적인 어떠한 존재도 일반적으로 그것[행복을 포기해야 하는 것]을 할 수 없는 것처럼, 인간이 할 수 없기 때문이다; 그렇지만 인간은 그 의무의 명령이 나타나는 경우에 전적으로 이러한 고려[행복]를 **사상**[도외시]abstrahieren 해야만 한다는 것이다; 인간은 철저하게 그 고려를 그에게 이성을 통하여 지시된 법칙을 따르는 **조건**으로 삼아서는 안 된다는 것이다; 더욱이 인간에게는 가능한 한, 저 고려로부터 끌어내진 어떠한 **동인** Triebfeder도 의무규정 속으로 알아차리지 못한 채로 함께 섞여 들지 못하게끔 의식되도록 해야만 한다는 것이다; 이러한 것은 사람들이 의무를 그 의무의 준수Beobachtung(덕)가 우리에게 가져다주는 이점들과 결부시켜 생각하기보다는 오히려 그 의무의 준수가 대가로

• • •

* 행복할 만한 가치 있음은 주체의 자기 자신의 의지에 기인하는 한 인격의 성질인바, 즉 그러한 인격의 성질과 일치하여 보편적으로 (자연[본성]뿐만 아니라 자유로운 의지에) 입법하는 하나의 이성이 이러한 인격의 모든 목적들과 합치할 것이다. 그러므로 그러한 가치 있음은 하나의 행복을 획득하는 수완[능숙함]Geschicklichkeit 과는 완전히 구별된다. 그렇다면 만일 어떤 사람이 오로지 하나의 보편적인 이성의 입법에 대해서만 순응하는 의지와는 합치하지 않아서 그 안에 함께 포함되어 있을 수 없는 (즉 도덕성에 모순되는) 의지를 갖는다면, 그는 이러한 행복을 획득하는 수완[능숙함]과 그것을 위해 자연이 수여한 재능마저도 가질 자격이 없다.

지불하는 희생들과 결부시켜 생각함으로써 이루어진다: 이것은 그 의무명령을 그것의 전적이며 무조건적인 순종을 요구하는, 그 자체로 충분하여 어떠한 다른 영향도 필요로 하지 않는 모습으로 표상하도록 하는 것이다.

a. 이러한 나의 주장을 가르베 씨는 이렇게 표현한다: "내가 행복에 대해 전혀 고려하지 않고서 도덕법칙의 준수가 인간에게 있어서의 **유일한 궁극목적**이라고, 그 준수는 창조자의 유일한 목적으로 간주되어야만 한다고 주장했다는 것이다." (나의 이론에 따르면 인간의 도덕성 그 자체도 아니고 행복 그 자체만도 아니라, 그 양자의 통일과 합치 속에서 존속하는 세계 내에서 가능한 최고선이 창조자의 유일한 목적이다.)

B. 나는 또 계속해서 이러한 의무의 개념이 어떤 특수한 목적을 근거로 놓을 필요가 없고, 오히려 인간의 의지에 있어서 하나의 다른 목적을 **초래한다**고 진술하였었는데, 말하자면: 세계 내에서 가능한 **최고선**(또한 가장 순수한 윤리성Sittlichkeit과도 결합된 세계전체 내에서의 보편적인 행복, 즉 저 의무에 따른 행복)을 위해 모든 능력에 따라 노력하는 것이다: 그러한 것은 그 능력이 물론 한 측면[의무]에 관하여서이지 두 측면[의무와 행복]을 함께 취하여서는 우리의 권능Gewalt 속에 있지 않기 때문에 이성에 한 도덕적인 세계지배자에 대한 믿음과 **실천적인 견지**에서의 한 장래의 삶에 대한 믿음을 강요한다. 이것은 마치 두 믿음의 전제하에서만 보편적인 의무개념이 비로소 "지지대와 견고함"Halt und Festigkeit, 즉 하나의 확실한 근거와 필요한 한 **동인**Triebfeder의 힘을 얻는 것이 아니라, 그 전제와 더불어 단지 그 의무개념이 저 순수 이성의 이상에 대하여서도 또한

하나의 **객체**를 얻는 것인 양 강요하는 것이다.* 왜냐하면 그 자체로 의무는 하나의 상정된 준칙을 통하여 가능한 하나의 보편적입법의

• • •

* 우리의 협력을 통하여서도 가능한 하나의 **최고선**을 세계 내에서 모든 것[사물]들의 궁극목적으로 상정하는 요구[필요]Bedürfnis는 도덕적 동인들의 결핍으로 인한 것이 아니라, 오로지 이러한 동인들에 따라서만 하나의 객체가 목적 그 자체로서 (도덕적인 **궁극목적**으로서) 산출될 수 있게 하는 대외적인 관계들의 결핍으로 인한 하나의 요구이다. 왜냐하면 모든 목적 없이는 어떠한 **의지**도 있을 수 없기 때문이다; 순전히 행위들에 대한 법칙적인 강요가 관건인 경우에는 비록 그 의지가 사상될 수밖에 없고, 오로지 법칙이 그 의지의 규정근거를 형성함에도 불구하고 그렇다. 그러나 각각의 모든 목적이 도덕적인 것이 아니라(예를 들어 자기 자신의 행복이라는 목적은 도덕적이지 않다), 이 목적이 비이기적이어야만 한다는 것이다; 그리고 순수한 이성을 통하여 부과된, 모든 목적들의 전체를 하나의 원리하에 포괄하는 하나의 궁극목적에 대한 요구[필요]는 더욱이 형식적인 법칙들의 준수를 넘어 한 객체(최고선)의 산출에로 **확장하는** 비이기적인 의지의 요구[필요]이다.── 이러한 요구[필요]는 하나의 특수한 종류의 의지규정, 이를테면 거기에 근거로 놓이는 모든 목적들의 전체라는 이념을 통한 의지규정이다: **만약** 우리가 세계 내에서의 사물들에 대해 어떤 도덕적인 관계들 속에 있다면, 이것은 우리가 모든 면에서 도덕법칙에 순종해야만 한다는 것이고, 그 도덕법칙에 대해 모든 능력에 따라 하나의 그러한 관계(윤리적인 최고의 목직들에 부합한 하나의 세계) 가 실존하도록 야기하는 의무가 부가된다는 것이다. 여기서 인간은 신성神性 Gottheit과의 유비에 따라 생각되는데, 그 신성은 물론 주관적으로 외적인 것[사물] 을 필요로 하지는 않지만, 그럼에도 불구하고 그 신성이 자기 자신 속에 폐쇄되어 있을 것이라고 생각될 수 없고, 오히려 그 자체로 그 신성의 완전무결Allgenugsamkeit 의 의식을 통하여 최고선을 자기 밖에 산출하도록 규정되어 있다고 생각될 수 있다; 그런데 최고 존재에서의 (인간에게는 의무인) 그러한 필연성은 **우리에게는** 도덕적인 요구[필요] 이외에 달리 표상될 수 없다. 그래서 인간에게서 동인, 즉 세계 내에서의 그의 협력을 통하여 가능한 최고선의 이념 속에 놓여있는 동인은 또한 그때 의도한 자신의 행복이 아니라, 단지 목적 그 자체로서의 이념, 따라서 의무로서 그 이념의 추종일 뿐이다. 왜냐하면 이 이념은 단순히 행복에의 전망이 아니라, 그 행복과 또한 그러할 만한 주체의 가치 있음 사이의 조화에 대한 전망을 포함하고 있기 때문이다. 그러나 자기 자신을 그리고 하나의 그러한 [목적의] 전체 에 속하고자 하는 자신의 의도를 이러한 조건에 제한하는 하나의 의지규정은 **이기적이지 않다.**

조건에 대하여 의지의 대상 또는 목적이 어떤 것이든 간에 (따라서 행복에 대해서도) 그 의지를 **제한하는 것** 이외의 다른 아무것도 아니기 때문이다; 그러나 여기서 그러한 목적은 그리고 사람들이 가질지 모르는 각각의 모든 목적까지도 완전히 사상된다. 그러므로 도덕의 **원리**에 관한 물음에서 도덕을 통하여 규정되고 도덕의 법칙에 부합한 의지의 목적으로서의 **최고선**에 관한 교설이 (일화적인 것으로서) 완전히 간과되어 옆에 치워져 있을 수 있다; 뒤이어서도 보이듯이 본래적인 입장이 관건인 곳에서는 그러한 것이 전혀 고려되지 않고, 순전히 보편적 도덕만이 고려된다.

b. 가르베 씨는 이러한 주장들을 다음과 같이 표현한다: "덕 있는 사람Tugendhafte은 (자기 자신의 행복이라는) 저 관점을 결코 눈에서 잃어버릴 수도 잃어버려서도 안 된다.──그렇지 않다면 그는 눈에 보이지 않는 세계로의 이행을, 신의 현존과 불멸성에 관한 확신을 위한 이행을 완전히 잃어버릴 것이기 때문이다; 그렇지만 이 이론에 따르면 그 확신은 **도덕적 체계에 지지대와 견고함을 주기 위하여** 무조건적으로 필연적이다"; 그리고 나에게 돌려지는 주장의 합계를 다음과 같이 짧고 훌륭하게 요약함으로써 끝맺는다: "덕 있는 사람은 저 원리들에 따라 끊임없이 행복할 만한 가치가 있기 위하여 노력하지만, 그가 정말로 덕이 있는 **한에서는** 결코 행복하기 위하여 노력하지 않는다." (여기서 **그러한 한에서**라는 말은 하나의 모호함을 일으키는데, 그 모호함은 먼저 해소되어야만 한다. 그 말은 다음과 같은 것을 의미할 수 있다: **행위**Aktus에 **있어서** 그가 덕 있는 사람으로서 자신을 그의 의무 하에 예속시킨다는 것을; 그렇다면 여기서 이러한 주장은 나의 이론에 완전히 합치한다. 또는: 만일

그가 도대체 덕이 있기만 하다면, 따라서 의무가 문제되지 않고 그 의무에 충돌되지 않는 곳에서조차도 그 덕 있는 사람은 행복을 전혀 고려해서는 안 된다고 하는 것을; 그러나 여기서 이것은 나의 주장들에 전적으로 모순된다.)

그러므로 이러한 이의제기들은 오해들Mißverständnisse 이외의 아무것도 아니며(왜냐하면 나는 그 오해들을 곡해들Mißdeutungen로 간주하고 싶지 않기 때문이다), 만일 낯선 사고들을 판정함에 있어서도 일단 익숙한 그의 사고과정에 따르려 하고 이 사고과정을 낯선 사고들에로 들여오려는 인간의 성벽이 하나의 그러한 현상을 충분히 설명하지 못했다면, 그 오해의 가능성을 낯설게 할 수밖에 없었을 것이다.

이제 상기의 도덕적 원리에 대한 이러한 논쟁적인 취급에 이어 하나의 독단적인dogmatische 반대의 주장이 따른다. 말하자면 가르베 씨는 분석적으로 이렇게 추론한다: "**개념들**의 질서[순서]에 있어서 다른 개념에 앞서 한 개념에 **우선순위**가 주어지게끔 하는 상태들의 지각함Wahrnehmen과 구별함Unterscheiden은 그 개념들 가운데서 한 개념의 선택에 앞서, 그리고 따라서 어떤 한 목적의 사전규정에 앞서 선행해야만 한다. 그러나 자기 자신의 의식과 자신의 상태의 의식에 대해 소질이 있는 존재가 만약 이러한 상태가 현재하고 있고 또한 그 존재에 의해 지각되는 경우에 다른 방식으로 존재하기 위하여 **우선시하는** 한 상태는 하나의 **좋은** 상태이다; 그리고 일련의 그러한 좋은 상태들은 **행복**이라는 낱말을 표현하는 가장 보편적인 개념이다." —— 계속해서: "하나의 법칙은 동기들Motive을 정립하지만, 이 동기들은 하나의 더 좋은 상태로부터 더 나쁜 한 상태를 앞서서 지각한 구별을 전제한다. 이 지각한 구별은 행복 등등과 같은 개념의 요소이다." 더 나아가서: "그 낱말의 가장 보편적인 의미에서의 **행복**으로부터 **각각의 진력함**Bestreben**에 대한 동기들이 발생한다**; 따라서 도덕법칙을 따르기 위한 동기들도 그 행복으로부터 발생한다. 내가 도덕적 의무들의 이행이 선의 표제 하에 속하는지 물을 수 있기 전에, 먼저 나는 도대체 어떤 무엇이 선한 것인지를 알아야만 한다; 인간은 자신에게 하나의 **목표**를, 즉 어디로 움직임이 향해야 하는지를 사전에 정할 수 있기 **전에*** 그를 움직이게 하는 하나의 **동인**을 갖고 있을 수밖에 없다."

이러한 논의는 **선**[좋음, 좋은 것]das Gute이라는 낱말의 모호함과의 한 놀이 이외에 더 이상 아무것도 아니다: 왜냐하면 이 낱말은 그 자체로 악한 것과 반대로 그 자체로 그리고 무조건적으로 선한 것으로서이거나; 또는 언제나 단지 조건적으로만 선한 것으로서 더 나쁘거나 더 좋은 선과 비교되기 때문이며, 후자의 선택의 상태는 다만 하나의 비교[상대]적-더 좋은[선한] 상태일 수 있지만, 그럼에도 불구하고 그 자체로는 악할 수 있기 때문이다. ── 근거로 놓은 목적들을 전혀 고려하지 않으며 자유로운 자의Willkür(즉 의무)를 정언적으로 명령하는 한 법칙에 대한 하나의 무조건적인 준수의

- - -
* 그것이 바로 내가 절실하게 주장하는 것이다. 그렇지만 인간이 그에게 하나의 목표(목적)가 사전에 정해지기 전에 미리 가질 수 있는 동인은 명백히 법칙 자체 이외에, 즉 그 법칙이 (어떤 목적들이 취해져야 할지 그리고 그 법칙을 따르는 것을 통하여 어떤 목적들에 도달하게 될지는 무규정인 채로) 초래할 존경[경의]을 통하는 것 이외에 다른 어떤 것일 수 없다. 왜냐하면 자의Willkür의 형식적인 것과 관련하여 법칙은 내가 자의의 물질(가르베 씨가 이것을 일컫는 것과 같은 목표)을 놀이에서 배제했을 때 나머지로 남는 유일한 것이기 때문이다.

준칙은 어떤 한 행위방법에 대한 동기로서 우리에게 자연[본성] 자체에 의해 깔려 있는 (일반적으로 행복이라고 하는) 목적에 따라가는 준칙으로부터 본질적으로, 즉 **그 종류상** 구별된다. 왜냐하면 첫 번째 준칙은 그 자체로 선하며, 두 번째 준칙은 결코 그렇지 않기 때문이다; 이 준칙은 의무와 충돌하는 경우에 매우 악할 수 있다. 그에 반하여 만일 어떤 한 목적이 근거로 놓이는 경우, 따라서 어떠한 법칙도 무조건적으로 명령하지 않는다면 (도리어 이 목적의 조건 하에서만 명령한다면), 두개의 대립된 행위들 모두 다 조건적으로 선할 수 있으며, 단지 하나의 행위가 다른 행위보다 더 좋을[선할] 수 있다(그래서 후자는 상대적-악하다고 할 것이다); 왜냐하면 그 행위들은 **종류에** 따라서가 아니라, 한낱 **정도에 따라** 서로 구별되기 때문이다. 그리고 그렇게 모든 행위들은 그 동기가 무조건적인 이성법칙(의무)이 아니라, 자의적으로 우리에 의해 근거로 놓인 목적이라는 성질을 지니고 있다: 왜냐하면 이러한 목적은 모든 목적들의 합계에 속하며, 그 목적들의 달성은 행복이라 일컬어지기 때문이다; 그리고 나의 행복을 위하여 하나의 행위가 더 많이, 다른 행위는 더 적게 공헌할 수 있으며, 따라서 다른 행위보다 더 좋거나 더 나쁠 수 있다.──그러나 의지규정의 한 상태를 다른 상태보다 **우선시함**Vorziehen은 단지 자유의 한 행위(법률가들이 말하는 대로는 **한낱 가능한 것**res merae facultatis)일 뿐이며, 그러한 행위에서 이것(의지규정)이 그 자체로 선한지 또는 악한지가 전혀 고찰되지 않으며, 따라서 양자를 고려함에는 무관심하다.

　내가 **동일한 종류의** 각각의 다른 목적에 대해 우선시하는 어떤 한 **주어진 목적**과 연결되어 있는 한 상태는 말하자면 행복의 영역에서의 하나의 상대적으로 더 좋은 상태이다(이 행복은 한낱 조건적으로 이외에는, 즉 사람들이 행복할 만한 가치가 있는 한에서 외에는 달리 결코 **이성에 의해 선**으로서 인정되지 않는다). 그러나 이때 내가 의무의 도덕법칙과 나의 어떤 목적들의 충돌의 경우에 있어서 이 의무를 우선시하는 것을 스스로 의식하고 있는 상태는 한낱 하나의 더 좋은 상태가 아니라, 그 자체만으로 선한 상태이다: 이것은 나에게 제공될지도 모르는 목적들(따라서 그 목적들의 합계, 즉 행복)이 전혀 고려되지 않으며, 그리고 자의의 물질(그 자의에 근거로 놓인 객체)이 아니라, 그 자의의 준칙의 보편적 합법칙성이라는 한낱 형식이 그 자의의 규정근거를 형성하는 완전히 다른 한 영역으로부터 나온 하나의 선이다.── 그러므로 내가 각각의 다른 방식으로 존재하기 위하여 **우선시하는** 각각의 모든 상태는 나에게 행복으로 헤아려진다고 결코 말해질 수 없다. 왜냐하면 우선 내가 나의 의무에 거슬러 행위하지 않는다는 것이 나에게 확실해야만 하기 때문이다; 그 후에 비로소 행복에 대해 돌아보는 것이, 즉 얼마나 내가 그 행복에다 나의 저 도덕적─(비물리적[비자연적]nicht physisch─)선한 상태를 통일시킬 수 있는지*를 묻는 것이 나에게 허용되어 있다.

● ● ●

* 행복은 자연이 우리에게 마련하는 모든 것을 포함한다(그리고 그 외에 더 이상 아무것도 포함하지 않는다); 그러나 덕은 인간 자신 외에는 아무도 자신에게 부여하거나 없앨 수 없는 것이다. 그렇지만 그에 반하여 사람들이 후자와의 그 간극을 통하여 인간이 스스로에게 적어도 비난들과 순수한 도덕적 자기질책, 따라서 불만족을 일으킬 수 있다고, 따라서 불행하게 할 수 있다고 말하고자 한다면, 그것은 모든 경우에 있어서 인정될 수 있을 것이다. 그러나 이러한 순수한 도덕적 불만족에 대해서는 (그에게 있어서 불리한 행위의 귀결들로부터가 아니라, 그 귀결들의 위법성 자체로 인하여) 단지 덕 있는 사람만이, 또는 그렇게 되려는 도중에 있는

물론 의지는 **동기들**을 가질 수밖에 없다; 그러나 이 동기들은 어떤 앞서 정해진, **물리적**[자연적] **감정**에 관계된 목적으로서의 객체들이 아니라, 무조건적인 **법칙** 자체 이외의 아무것도 아니며, 그러한 법칙에 있어서 의지의 감수성Empfänglichkeit, 즉 무조건적인 강요로서의 그 의지 하에 처하게 되는 감수성을 **도덕적 감정**이라고 한다; 그러므로 그러한 도덕적 감정은 원인이 아니라 의지규정의 결과이며, 만약 저 강요가 우리 안에서 선행하지 않는다면, 그 감정에 의하여 우리는 최소한의 지각을 우리 안에 가질 것이다. 그래서 오래된 노래: 그럼에도 불구하고 이러한 감정이, 따라서 우리가 우리에게 목적으로 삼는 하나의 쾌Lust가, 즉 의지규정의 제일 원인이, 결론적으로 (저 의지규정이 요소로서 속하는) 행복이 행위하는 모든 객관적 필연성의 근거를, 따라서 모든 의무지움의 근거를 형성한다는 것은 궤변적인 **시시덕거림**에 속한다. 이를테면 사람들이 어떤 한 결과에 대해 한 원인을 갖다 대는 데 있어서 묻는 것을 중지할 수 없을 때, 결국 사람들은 원인을 위하여 스스로 그 결과를 만들어 낸다.

이제 나는 본래 여기서 다루고자 하는 점에 이르렀다: 말하자면, 그것은 소위 철학에서 서로 충돌하는 이론과 실천의 관심을 사례들을 통하여 전거를 제시하고 검사하는 일이다. 이를 위한 최선의 전거를 가르베 씨는 언급한 그의 논문에서 제공한다. 우선 그는 (어떻게

●　●　●

사람만이 역량이 있다. 결국 행복은 원인이 아니라, 그가 덕이 있다는 것에 의한 [작용]결과이다; 그리고 덕이 있도록 하는 운동근거는 이러한 불행(만약 사람들이 하나의 비행Untat으로 인한 고통을 그렇게 일컫고자 한다면)으로부터 끌어내질 수 없었다.

우리가 **행복하게** 되는지에 관한 교설과 어떻게 우리가 행복할 만한 **가치 있게** 되어야 하는지에 관한 교설 사이에서 내가 생각하는 구별에 관하여 이야기함으로써) 다음과 같이 말한다: "나는 나의 입장에서 고백하건대, 나는 나의 **머릿**속에서의 그 관념들Ideen의 이러한 구분을 매우 잘 이해한다. 그러나 나는 이러한 구분을 나의 **마음**속에서의 소원들과 진력들Bestrebungen의 구분이라고 생각하지 않는다; 더군다나 어떻게 그 어떤 사람이 행복 자체에 대한 그의 욕구Verlangen를 순수하게 분리하고, 따라서 의무를 완전히 비이기적으로 이행해야만 한다는 것을 의식할 수 있는지는 나에게 이해될 수 없다."

우선 나는 마지막의 것에 대해 대답한다. 말하자면 나는 어떠한 사람도 자신의 의무를 비이기적으로 **이행했다는 것**을 확실하게 의식할 수 없다는 것을 인정한다; 왜냐하면 그것은 내적 경험에 속하고, 상상력, 습관 그리고 경향성을 통하여 의무개념에 동반하는 모든 부수적 표상들과 고려들처럼 일반적으로 명료한 하나의 표상은 그의 영혼상태인 이러한 의식에 속할 것인데, 그 표상은 어떤 경우에도 요구될 수 없기 때문이다; 또한 도대체 어떤 무엇의 비존재Nichtsein는 (따라서 또한 암암리에 생각된 어떤 이득에 관한 것이 아닌 것도) 경험의 대상일 수 없다. 그러나 의무개념을 완전히 순수하게 지니고 있기 위하여서 인간은 자신의 의무를 완전히 비이기적으로 **이행해야** 하고 행복에 대한 자신의 욕구Verlangen를 철저하게 그 의무개념으로부터 분리**해야만 한다**는 것이다: 그는 그러한 것을 최대로 명료하게 의식하고 있다; 행여 그가 그렇지 않다고 생각했다면, 그러한 것[행복에 대한 욕구를 의무개념으로부터 분리하는 것]이 그의 능력 안에 있는 한에서 그가 그렇다는 것이 그에 의해 요구될 수 있다;

왜냐하면 그러한 것은 바로 도덕성의 참된 가치라는 이러한 순수함 속에서 마주쳐질 수 있고, 그러므로 그는 그것을 또한 할 수밖에 없기 때문이다. 아마도 어떤 한 인간은 결코 그의 인식된 그리고 또한 그에 의해 존중된 의무를 완전히 비이기적으로 (다른 동인들을 혼합하지 않고) 이행하지는 않았을지도 모른다; 어쩌면 결코 어느 한 사람도 그 정도로 최대한의 진력함에는 이르지 않을 것이다. 그러나 그가 가장 신중하게 자기검찰함Selbstprüfung에 있어서 자신 속에서 지각할 수 있는 한, 함께 작용하는 그러한 동기들뿐만 아니라, 오히려 의무의 이념에 맞서 있는 많은 동기들과 관련한 자기부인[부정]Selbstverleugnung까지도, 따라서 저 순수함을 위하여 노력하는 준칙까지도 의식될 수 있다는 것이다: 그는 그것을 할 수 있다; 그리고 그것은 그의 의무준수를 위해서도 충분하다. 그에 반하여 인간의 자연[본성]이 하나의 그러한 순수함을 허락하지 않는다는 구실 하에서 준칙에 대한 그러한 동기들의 영향을 우대하는 것(그렇다고 그는 그러한 것을 확실하게 주장할 수는 없다): 그것은 모든 도덕성의 죽음이다.

이제 방금 전에 있는 가르베 씨의 고백, 즉 저 구분(본래는 분리)이 **그의 마음**속에서는 발견되지 않는다는 고백과 관련하여 말하자면: 나는 그의 자책 속에서 곧바로 그 자신에게 모순되고 그의 머리에 반하여 그의 마음을 옹호한다는 의심을 품고 있지는 않다. 정직한 사람인 그는 저 구분을 실제로 항상 그의 마음속에서 (그의 의지규정들 속에서) 발견하였다; 그러나 그 구분은 단지 사변을 위하여서, 그리고 파악할 수 없는 (설명할 수 없는) 것을 파악하기 위하여서가 아니라, 말하자면 정언적 명령의 가능성(의무의 가능성과 같은 것)

을 위하여 그의 머릿속에서 익숙한 심리학적 설명들의 원리들(이것들은 모두 다 자연필연성의 기계론[기제]을 근거로 놓는다)을 가지고 설명되었을 것이다.*

그러나 만일 가르베 씨가 마지막으로 다음과 같이 말한다면: "관념들의 그러한 정교한 구별은 부분적인 대상들에 대한 **추사유** Nachdenken 속에서 이미 **흐려진다**; 그러나 그러한 구별은 **행위함** Handeln이 관건인 경우, 즉 그 구별이 욕망들Begierden과 의도들에 적용되어야 할 때는 **완전히 사라진다**. 우리가 동기들에 대한 고찰로부터 현실적인 행위함으로 이행하는 그 발걸음이 단순하면 단순할수록, 빠르면 빠를수록 그리고 **명료한 표상들에 의해 더 드러나면 드러날수록**: 각각의 동기가 부가한 일정한 무게가 그 발걸음을 다름 아니라 정확하고 확실하게 인식하도록 인도할 가능성이 더 적어진다"고 말한다면,── 나는 그에게 큰소리로 맹렬히 반대할 수밖에 없다.

• • •

* 교수 가르베 씨는 (의무들에 관한 키케로Cicero의 책[4]에 대한 그의 주해들, 69쪽, 1783년 판에서) 그의 명민함에 어울리는 주의할 만한 고백을 한다: "자유는 그의 가장 마음속 깊은 확신에 따르면 언제나 해결되지 않은 채 남아 있을 것이고 결코 설명되지 않을 것이다." 그 자유의 현실성에 관한 하나의 증명은 단적으로 직접적인 경험에서도, 간접적인 경험에서도 발견될 수 없다; 그리고 그렇다고 어떠한 증명도 없이 사람들이 그 자유를 또한 가정할 수도 없다. 그렇다면 그 자유의 증명은 한낱 이론적인 근거들로부터가 아니라(왜냐하면 이러한 것들은 경험에서 구해질 수밖에 없기 때문이다), 따라서 순전히 실천적인 이성명제들로부터 이끌어질 수 있는바, 기술적-실천적인 이성명제들로부터가 아니라, 결국 도덕적-실천적인 이성명제들로부터만 이끌어질 수 있기 때문에: 왜 가르베 씨가 적어도 그러한 명령들의 가능성을 구출하기 위하여 자유의 개념에 호소하지 않았는지에 대해서는 놀라지 않을 수 없다.

의무의 개념은 그 개념의 전적인 순수함 속에서 어떠한 비교도 할 것 없이 행복으로부터 가져온 각각의 동기, 또는 그와 더불어 그 행복에 대한 고려와 함께 뒤섞인 동기(이러한 동기는 항상 많은 기술과 숙고를 요구한다)보다도 더 단순하며, 더 명료하며, 실천적인 사용을 위하여 모든 사람에게 더 잘 이해될 수 있고 더 자연스러울 뿐만 아니라; 만약 그 개념이 단지 이러한 가장 일반적인 인간이성에, 그리고 더욱이 이것들[행복으로부터 가져온 동기와 그 행복에 대한 고려와 함께 뒤섞인 동기]과 분리하여서, 더군다나 대립시켜서 인간들의 의지에 가져와진다면, 그 가장 일반적인 인간이성의 판단 자체에서도 역시 후자[인간들의 의지]의 이기적인 원리로부터 빌려온 모든 운동[작용]근거들보다 훨씬 **더 강력하며**, 더 설득력 있고 성공을 더 약속한다.── 예를 들어 다음과 같은 경우가 있다: 어떤 사람이 맡겨진 타인의 재물Gut(*depositum*)을 수중에 갖고 있는데, 그 재물의 소유주Eigentümer가 사망하였고, 그 재물의 상속자가 그것에 관하여 아무것도 알 수 없을 뿐만 아니라 그 어떤 무엇도 경험[감지]할 수 없다. 이러한 경우는 대략 여덟 또는 아홉 살 된 한 아이에게까지도 설명될 것이다; 그리고 동시에, 이러한 맡겨진 재물을 가지고 있는 자[점유자]Inhaber가 (부채는 지지 않고) 바로 이 시기쯤에 그의 복지여건이 완전히 무너지는 처지에 빠져서, 궁핍으로 의기소침해진 부인과 아이들이 있는 한 가엾은 가족을 돌아보면서, 그가 저 담보물Pfand을 자기 것으로 삼았다면, 그러한 궁지로부터 그는 순식간에 벗어날 것이다; 동시에 그는 인도주의자이고 선행을 하지만, 저 상속자는 부자이며 자애롭지 않고, 게다가 최고 수준으로 풍요로우면서 소비적이라면, 그것은 마치 그들의 재산Vermögen에 대한 이러한 추가물이 바다에 던져지는 것과 마찬가지로 여겨도 좋을 것이다. 그리고 이제 이러한 맡겨진 재물을 자신의 유익으로 소용하는 것이 이러한 상황 하에서 허용된 것으로 간주될 수 있는지가 물어진다. 의심의 여지없이 질문 받은 사람은 대답할 것이다: 아니다! 그리고 모든 이유들을 대신하여 간단히 이렇게만 말할 수 있다: **그것은 부당하다.** 즉 그것은 의무에 충돌한다. 아무것도 이것보다 더 명료하지는 않다; 그러나 정말로 그가 그 반환을 통하여 그 자신의 **행복**을 촉진하는 것은 아니다. 왜냐하면 만일 그가 후재[반환]의 의도에 의해서 그의 결심을 규정하려고 했다면, 그는 예를 들어 다음과 같이 생각할 수 있었을 것이기 때문이다: "네가 네게 있는 타인의 재물을 요구받지 않고서도 진짜 소유주들에게 내준다면, 아마도 그 소유주들은 너의 정직함에 대해 네게 보답할 것이다; 또는 그러한 일이 일어나지 않는다면, 너는 네게 아주 이익이 될 수 있는 자자한 호평을 얻을 것이다. 그러나 이 모든 것은 불확실하다. 하지만 그에 반하여 많은 고민거리들도 나타난다: 만일 네가 그 맡겨진 것을 너의 곤궁한 상황들로부터 단번에 벗어나기 위하여 착복하고자 하여, 네가 그것을 재빨리 사용한다면, 너는 어떻게 그리고 어떤 방법으로 네가 그렇게 빨리 너의 상황을 개선하게 되었는지 의심받게 될 것이다; 그러나 만약 네가 그러한 일을 천천히 착수하고자 한다면, 그 곤궁은 그 사이에 전혀 더 이상 해볼 도리가 없을 만큼 고조될 것이다." —— 그러므로 행복의 준칙에 따르는 의지는 그의 동인들 사이에서 그 자신이 무엇을 결단해야 할지 흔들린다; 왜냐하면 그 의지는 성공을 바라보고, 그 성공은 불확실하기 때문이다; 이유들과 반대이유들의 혼잡으로부터 헤쳐 나오고 그 합산에서 속지 않기 위하여서는 좋은 머리가 요구된다. 이와 반대로 만일 그가 무엇이 여기서 의무인지를 묻는다면: 그는 스스로에게 줄 수 있는 대답에 대하여 전혀 막힘이 없고, 그가 무엇을 행해야만 하는지는 그 자리에서 확실하다. 그렇다. 만약 의무의 개념이 마치 그가 여기서도 선택을 할 수 있는 것인 양 또한 그에게 그 의무의 위반으로 인해 생길 수 있을지도 모르는 이득들에 관하여 단지 어림 계산만을 행하는 어떤 무엇에 해당한다면, 그는 심지어 역겨움까지도 느낀다.

그러므로 (방금 보였듯이, 가르베 씨가 생각하는 것처럼 그렇게 정교하지는 않고, 오히려 가장 거칠지만 가장 잘 판독할 수 있는 활자로 인간의 영혼에 기록되어 있는) 이러한 구별들이 그가 말하는 것처럼 **행위함이 관건인 경우에 완전히 사라진다**는 것: 그것은 그 자체로 자기 자신의 경험에 모순된다. 하지만 어떤 한 원리나 다른 원리로부터 만들어진 준칙들의 역사가 현시하는 경험에 모순되는 것이 아니라: 즉 여기서 그 역사는 유감스럽게도 그 준칙들이 대부분 (자기유익의) 원리로부터 흘러나온다는 것을 증명하기 때문에 그러한 경험에 모순된다는 것이 아니라; 단지 내적으로만 어떠한 이념도 바로 모든 것을 넘어 의무를 존중하는, 수없는 삶의 악행들과 가장 현혹적인 삶의 유혹들과도 싸우는, 그리고 그럼에도 불구하고 (의당 인간은 그것을 할 수 있다고 가정하듯이) 그 유혹들을 이겨내는 순수한 도덕적 성향[마음가짐]에 관한 경험보다 인간의 마음[심성]Gemüt을 더 많이 고양시키거나 열광하기까지 고무시킬 수 없다는 경험에 모순된다는 것이다. 인간은 그가 이것을 할 수 있다는 것을 의식하고 있다는 것이다. 왜냐하면 그는 그것을 해야 하기 때문이다: 그것은 그에게 신적인 소질들의 심오함을 열어주며, 말하자면 그 심오함은 그에게 그의 참된 규정Bestimmung의 크기와 숭고함에 대한 어떤 성스러운 강수降水Schauer를 느끼게 한다. 그리고 만일 인간이 자주 그것에 유의하여 덕에서 의무의 준수로부터 얻을 수 있는 이득들이라는 그 전리품의 모든 부富를 완전히 벗겨 놓고 그 덕을 그 전적인 순수함 속에서 표상하는 것에 익숙해진다면; 만약 그러한 것을 지속적으로 사용하는 것(거의 항상 태만히 하고 있었던 의무들을 엄격하게 지시하는 하나의 방법)이 사적─그리고 공적인 가르침에서 원칙이 된다면: 인간의 윤리성은 곧 나아질 수밖에 없을 것이다. 역사경험이 덕의 교사들의 선한 성공을 지금까지도 증명하려고 하지 않았다는 것은 다름 아니라 바로 잘못된 전제에 그 책임이 있다: 의무 그 자체의 이념으로부터 도출된 동인이 통상적인 개념에 있어서는 너무 많이 정교fein하다는 것, 그에 반하여 더 조야한 동인, 즉 현 세계에서뿐만 아니라 더욱이 한 장래의 세계에서도 법칙을 따름(동인으로서의 법칙을 존중하지 않음)으로 인해 기대될 수 있는 어떤 이득들로부터 취해진 동인이 마음에 더 강력하게 작용할 것이라는 것; 그리고 이성이 무엇을 최상의 조건으로 삼는가보다, 말하자면 행복할 만한 가치 있음Würdigkeit보다 행복에 대한 추구에 우선순위를 주어서 지금까지 교육과 설교의 원칙으로 삼아졌다는 것이다. 그런데 어떻게 스스로를 행복하게 할 수 있는지, 적어도 어떻게 자신의 불이익을 막을 수 있는지에 대한 **지침들**Vorschriften은 **명령**이 아니다; 그 지침들은 단적으로 아무도 구속하지 못한다; 그리고 그가 맞닥뜨린 것을 감당하려고 할 때, 그는 그가 경고 받은 후에는 그에게 좋게 비춰지는 것을 선택할 것이다. 그렇다면 그는 그에게 주어진 권고를 등한히 함으로 인해 그에게 발생할지도 모르는 해악들을 형벌들의 원인으로 간주해서는 안 된다: 왜냐하면 이러한 형벌들은 단지 자유로운, 그러나 위법적인 의지에만 해당하기 때문이다; 그러나 자연[본성]과 경향성은 자유에 법칙을 줄 수 없다. 의무의 이념은 전혀 다른 사정에 있는바, 그 의무의 위반은 그로부터 그에게 일어나는 불이익들을 고려하지 않고서도 직접적으로 마음에 작용하여 인간을 그 자신의 눈으로 보아 비난받아 마땅하게 하고 처벌하게끔 한다.

여기에 이제 도덕에서 이론적으로 옳은 모든 것은 실천에 있어서도 타당할 수밖에 없다는 하나의 분명한 증명이 있다.── 그러므로 자기 자신의 이성을 통하여 어떤 의무에 종속된 한 존재로서의 한 인간의 성질 속에서 모든 사람은 하나의 **실무자**Geschäftsmann이다; 그리고 그는 인간으로서 지혜의 학교에서 결코 벗어나지 못하기 때문에, 그는 소위 한 인간이라는 것과 바로 그것에 의하여 요구될 수 있는 것에 대한 경험을 통하여 더 잘 배운 자로서 조금도 이론의 지지자를 거만하게 멸시하여 학교로 돌려보낼 수 없다. 왜냐하면 이 모든 경험은 이론의 지침을 벗어나는 데에는 그에게 아무런 도움도 주지 않고, 오히려 경우에 따라서 그 이론의 지침이 자신의 원칙들로 받아들여졌을 때, 어떻게 그 이론의 지침이 더 낫게 그리고 더 보편적으로 작동될 수 있는지를 배우도록 그에게 도움을 주기 때문이다; 그러나 여기에서는 어떤 실용주의적인 수완[능숙함]Geschicklichkeit이 아니라, 단지 후자[이론의 지침을 원칙으로 삼는 것]에 관하여 이야기 하는 것이다.

II. 국가법에 있어서
실천에 대한 이론의 관계에 관하여

홉스Hobbes에 반대하여

한 사회를 위하여 한 인간의 무리를 결합하는 모든 계약들 (**사회계약**pactum sociale) 가운데 그 인간의 무리들 사이의 **시민적 헌정체제**를 건립하는 계약(**시민연합계약**pactum unionis civilis)은 그 계약이 물론 **시행**과 관련하여서는 모든 다른 계약(이 모든 계약도 마찬가지로 공동체적으로 장려될 수 있는 그 어떤 임의의 목적을 지향한다)과 많은 것을 공동으로 지니고 있지만, 그럼에도 불구하고 그 계약 수립 (**시민적 구성**constitutionis civilis)의 원리에 있어서는 모든 다른 계약들로부터 본질적으로 구별될 정도로 고유한 종류의 것이다. (모든 사람들이 **갖고 있는**) 그 어떤 (공동의) 목적을 위한 다수의 결합 Verbindung은 모든 사회계약들에서 마주쳐질 수 있다; 그러나 그러한 다수의 결합은 그 자체로 (각각의 한 사람이 **가지고 있어야 하는**) 목적이며, 따라서 서로에 대한 상호적인 영향 속에 있는 것을 피할 수 없는 인간들 일반의 모든 대외적인 관계에서 무조건적인 제1의 의무이다: 하나의 그러한 결합은 단지 한 사회 속에서 그 사회가 시민적인 상태에 있는 한에서만, 즉 하나의 공동의 존재를 형성하는 한에서만 마주쳐질 수 있다. 이제 그러한 대외적인 관계에서 그 자체로 의무이고 모든 나머지 대외적인 의무의 최상의 형식적 조건(**더 이상의 조건 없는 조건***conditio sine qua non*)인 그 목적은 **공적인 강제 법칙들 하에서의** 인간의 **권리**이며, 그 강제법칙들을 통하여 각자에게 그의 것이 규정될 수 있고 모든 타자의 간섭에 대해 보장될 수 있다.

　그러나 한 대외적인 법[권리] 일반의 개념은 전적으로 서로에 대한 인간들의 대외적인 관계에서의 **자유**의 개념으로부터 나오고 모든 인간들이 자연적으로 가지는 목적(행복에 대한 의도)과 그것에 이르기 위한 수단의 지침과는 전혀 관계없다: 그래서 또한 이러한 후자의 목적은 단연코 저 법칙 속에서 이 수단의 지침을 규정하는 근거로서 혼합되어서는 안 된다. **법**[권리]은 각각의 한 사람의 자유를 모든 사람의 자유와 합치하는 조건에 제한하는 것이며, 그러한 한에서 이 모든 사람의 자유가 하나의 보편적 법칙에 따라 가능하다; 그리고 **공법**은 하나의 그러한 전반적인 합치를 가능하게 하는 **대외적인 법칙**들의 총괄개념이다. 이제 한 타자의 자의에 의한 자유를 제한하는 모든 것은 **강제**라고 하기 때문에: 시민적인 헌정체제는 **자유로운** 인간들의 한 관계임에도 불구하고 그들이 (그들의 타자들과의 결합의 전체 속에서 그들의 자유가 손상되지 않고) 강제법칙들 하에 있다는 것이 뒤따른다: 왜냐하면 이성 자체가, 보다 정확히 말하자면 어떠한 경험적 목적(모든 사람들이 행복이라는 보편적인 이름 하에서 파악하였던 목적)도 고려하지 않는 순수한 **선험적**으로 입법하는 이성이 그것을 그렇게 원하기 때문이다; 그 경험적인 목적과 관련하여서, 그리고 각각의 한 사람이 그러한 목적을 두고자 하는 것과 관련하여서 인간들은 그들의 의지가 어떠한 공동체적인 원리 하에로도, 따라서 모든 사람의 자유와 합치하는 어떠한 대외적인 법칙 하에로도 가져와질 수 없을 만큼 아주 다양[상이]하게 생각한다.

그러므로 시민적인 상태는 순전히 법적인 상태로서 고찰하여 다음의 **선험적** 원리들에 근거 지어져 있다:

1. **인간**으로서 사회의 각 구성원의 **자유**.

2. **신민**으로서 각각의 타자와 그 구성원의 **평등**.

3. **시민**으로서 한 공동적 존재의 각 구성원의 **자립성**.

이러한 원리들은 이미 건립된 국가가 부여하는 법칙들일 뿐만 아니라, 그 원리들에 따라서만 하나의 국가건립이 대외적인 인간권리[인권]의 이성원리들에 적합하게 가능하다. 그러므로:

1. 인간으로서의 **자유**, 즉 한 공동적 존재의 구성Konstitution을 위한 자유의 원리를 나는 다음의 정식으로 표현한다: 아무도 나를 그의 방식으로 (다른 사람의 유복Wohlsein을 그가 생각하는 방식으로) 행복하도록 강요할 수 없고, 오히려 각각의 한 사람은 만약 단지 그가 하나의 유사한 목적을 추구하는 타인들의 자유에, 즉 하나의 가능한 보편적 법칙들에 따라 모든 사람의 자유와 양립할 수 있는 자유에 (즉 타자의 이러한 권리에) 지장을 초래하지 않는다면 자신의 행복을 그 자신에게 좋게 비춰지는 방법으로 추구해도 된다.── 그러므로 자신의 아이들에 대한 한 **아버지의** 원리로서의 인민에

대한 호의Wohlwollen의 원리 위에 건립되어 있는 한 정부, 즉 하나의 **아버지 같은 정부[통치]**(*imperium paternale*)에서 신민들은 무엇이 그들에게 참으로 유익한지 또는 위해한지를 구별할 수 없는 미성숙한 아이들로서 어떻게 그들이 행복해야 하는지를 한낱 국가통수권자의 판단에 의해서만 기대할 수 있고, 또한 이 국가통수권자도 그것을 원한다는 것을 한낱 그의 선의에 의해서만 기대할 수 있도록 한낱 수동적으로만 태도를 취하도록 강요된다: 그러한 통치는 생각할 수 있는 최대의 **전제주의**[5](모든 신민의 자유를 폐지하는, 그렇다면 신민들이 전혀 어떠한 권리도 갖지 못하는 헌정체제)이다. 하나의 **아버지 같은** 통치[정부]väterliche Regierung가 아니라, 하나의 **조국 같은** 통치[정부]vaterländische Regierung (*imperium non paternale, sed patrioticum*)가 오로지 법[권리]들에 역량이 있는 인간들에게 있어서 생각될 수 있고, 동시에 지배자의 호의와 관련하여서 생각될 수 있는 통치이다. 말하자면 조국 같음[애국적임]Patriotisch은 각각의 한 사람이 국가에서 (그 국가의 통수권자도 예외 없이) 그 공동의 존재를 어머니의 품으로, 또는 그 나라를 아버지의 땅Boden으로, 즉 그 자신이 그 품으로부터 그리고 그 땅위에 나와서 또한 그 땅을 하나의 값비싼 담보물처럼 남겨 놓아야만 하는 것으로 간주하는 사고방식인바, 다만 공동적 의지의 법칙들을 통하여 그러한 공동적 존재의 권리들을 보호하는 데에, 그러나 그 담보물을 그의 무조건적인 임의의 사용 하에 놓이지 않게 하는 데에 스스로 권한이 있는 것으로 여기는 사고방식이다.── 말하자면 인간이 도대체 법들에 역량이 있는 한 존재인 한에서, 자유의 이러한 권리는 인간으로서 각각의 한 사람에게, 즉 공동적 존재의 구성원에게 귀속한다.

2. 신민으로서의 **평등**, 이것의 정식은 다음과 같을 수 있다: 공동적 존재의 각각의 한 성원은 다른 각각의 성원에 대해 그 공동적 존재의 통수권자만이 제외될 수 있는 (왜냐하면 그는 저 공동적 존재의 성원이 아니라, 창설자 또는 유지자이기 때문이다) 강제권[법]들을 갖는다; 오로지 그러한 통수권자만이 스스로 하나의 강제법칙에 예속되지 않고서 강제할 권한을 갖는다. 그러나 법칙들 **하에** 있는 모든 이는 한 국가에서 신민이며, 따라서 모든 다른 구성원들과 마찬가지로 강제권[법]에 예속되어 있다; 모든 법적인 강제가 오로지 행사될 수 있게끔 하는 유일한 한 사람(자연적physische 또는 도덕적 인격), 즉 국가통수권자는 제외된다. 왜냐하면 만약 이 사람이 강제될 수 있다고 한다면, 그는 국가통수권자가 아닐 것이고, 예속의 계열은 위로 무한히 진행할 것이기 때문이다. 그러나 만약 그러한 예속의 계열에 두 사람(강제로부터 자유로운 인격들)이 있다고 한다면, 그 둘 중 아무도 강제법칙들 하에 있지 않을 것이고 한 사람은 다른 사람에게 어떠한 부당함[불법]도 행할 수 없을 것이다; 그러한 것은 불가능하다.

그러나 한 국가 안에서 그 국가의 신민들로서 인간들의 이러한 전반적인 평등은 그들의 점유물[가지고 있는 것]Besitztum이 타자에 대한 신체적인 우세함이나 정신의 우세함에 있든지, 또는 그것들 외에 재물들에 있든지, 그리고 타자와 관련한 권리들 일반(그러한 권리들이 많이 있을 수 있다)에 있든지 간에 아주 확실히 그 양과 정도들에 따라 최대의 불평등과 함께 존속한다; 그래서 한 사람의 복지Wohlfahrt는 상당히 타자의 의지에 달려 있다는 것(가난한 자의 복지가 부자에), 한 사람은 복종할 수밖에 없고 (아이가 부모에게 또는 여자가 남자에게처럼) 다른 사람은 그 사람에게 명령한다는 것, 한 사람은 (일용 노임자로서) 고용되며, 다른 사람은 임금을 지불하는 것 등등이 있다. 그러나 그럼에도 불구하고 **법**[권리]에 따라 (이 법[권리]은 보편적 의지의 언표로서 유일한 법[권리]일 수 있고, 정당한 것의Rechtens 형식을 말하는 것이지, 내가 하나의 권리를 갖고 있는 물질 또는 객체를 말하는 것은 아니다) 그들은 신민으로서 서로 모두 평등하다; 왜냐하면 아무도 그 어떤 누군가를 공공의 법칙(그리고 그 법칙의 집행자, 국가통수권자)을 통하는 것 외에 달리 강제할 수 없지만, 이러한 공공의 법칙을 통하여 각각의 다른 사람은 그에게 같은 정도로 저항하기 때문이다. 그러나 아무도 그 자신의 범죄행위를 통하여서 외에 달리 이러한 강제하는 권한을(따라서 타자에 대해 갖는 하나의 권리를) 잃어버릴 수 없고 그것을 또한 스스로 포기할 수 없는데, 말하자면 하나의 계약을 통하여, 따라서 하나의 법적인 행위를 통하여 그가 아무런 권리들도 갖지 않고 한낱 의무들만을 갖는다고 할 수 없다: 왜냐하면 그러한 것을 통하여서 그는 자기 자신에게서 하나의 계약을 할 권리를 빼앗는 것이며, 따라서 이러한 계약은 자기 자신을 폐지할 것이기 때문이다.

이제 신민으로서 공동의 존재 속에 있는 인간들의 이러한 평등의 이념으로부터 다음의 정식이 나온다: 그 공동적 존재의 각각의 구성원은 그 공동적 존재에서 (한 신민에게 부속할 수 있는) 한 신분Stand 의 각 위계에, 즉 그의 재능, 그의 열심 그리고 그의 행운이 그를 데리고 갈 수 있는 그 각각의 위계에 도달할 수 있어야만 한다; 그리고 그의 동료신민들은 (어떤 하나의 신분에 대하여 특권을 가진 자들로서) **상속할 수 있는** 우선권Prärogativ을 통하여 그와 그의 후손들을 그러한 우선권 하에서 억누르기 위하여 그에게 방해가 되어서는 안 된다.

그렇다면 모든 권리[법]는 순전히 각각의 다른 사람의 자유를 조건에 제한함으로써만 존속하며, 그것은 그 타자의 자유가 하나의 보편적인 법칙에 따라 나의 자유와 함께 양립할 수 있게 하는 것이고, (한 공동의 존재에서의) 공법은 순전히 하나의 현실적인, 즉 이러한 원리에 부합하면서도 권세Macht와 결합된 입법의 상태이며, 그러한 입법에 의해 하나의 민족에 속하는 모든 이는 신민으로서 하나의 법적인 상태 (*status iuridicus*) 일반에, 말하자면 보편적인 자유법칙에 따라 서로 제한하는 어떤 자의의 작용과 반작용의 평등성[동등성] (이러한 것은 시민적 상태라고 한다)에 처하여 있기 때문에: 각각의 한 사람의 **타고난 권리**는 이러한 상태에서 (즉 그 권리의 모든 법적인 실행Tat에 있어서) 그가 언제나 나의 자유와 그의 자유를 사용함에 있어서의 일치의 한계 내에 머물러 있도록 각각의 타자를 강제하는 권한과 관련하여 전반적으로 **평등하다.** 그러므로 출생은 태어나는 사람의 **실행**이 아니기 때문에, 따라서 그 출생을 통하여 이 태어나는 사람에게 법적인 상태의 어떠한 불평등성도, 그리고 단지 통일적인 최상의 입법하는 권세의 신민으로서의 그에게 모든 다른 신민들과 공동적인 예속 외에 어떠한 강제법칙들 하에로의 예속도 초래되지 않기 때문에: 다른 신민에 우선하는 동료신민으로서 공동적 존재의 한 성원의 타고난 특권[우선권]Vorrecht은 있을 수 없다; 그리고 아무도 공동적 존재에서 차지하는 **신분**의 특권을, 따라서 다시 말하자면 출생을 통하여 주인의 신분에 대한 자격을 갖추는 것으로서의 특권을 자신의 후손들에게 상속시킬 수 없으며, 이러한 출생이 또한

(**상위의 사람**superior과 **하위의 사람**inferior이라는, 그러나 그 둘 중 어느 한 사람도 **명령하는 자**imperans는 아니고, 다른 사람이 **복종하는 자**subiectus라는) 예속의 더 높은 위계들에 자기 자신의 공적을 통하여 도달하는 것을 강제적으로 저지할 수도 없다. 그는 물건인 것 (인격성Persönlichkeit에 해당하지 않는 것) 그리고 소유물Eigentum로서 획득될 수 있고 또한 그에 의해 양도될 수 있는 다른 모든 것을 상속시킬 수 있고, 그렇게 후손의 계열 속에서 한 공동적 존재의 (용병과 임차인의, 토지소유주와 농노들 등등의) 성원들 간에 재산 상황들에 있어서의 현저한 불평등을 만들어낼 수도 있다; 단지 만약 그 공동의 존재가 그들에게 그들의 재능, 그들의 열심 그리고 그들의 행운을 가능하게 한다면, 이 성원들이 그들 스스로에게 같은 상황들에로 끌어올릴 권한이 주어지지 않도록 방해해서는 안 될 것이다. 왜냐하면 그렇게 하지 않고서는 그는 타자의 반작용을 통하여 다시금 강요받을 필요 없이 강제해도 될 것이고, 그렇게 한 동료신민의 위계Stufe를 넘어서 있을 것이기 때문이다.── 한 공동적 존재의 일정한 법적 상태 속에 살고 있는 어떠한 인간도 그 자신의 범죄행위를 통하는 것 말고는 달리 이러한 평등성으로부터 제외될 수 없으며, 또한 결코 계약을 통하거나 전쟁의 폭력(occupatio bellica)을 통해서도 제외될 수 없다; 왜냐하면 인간은 어떠한 법적인 실행(그 자신의 실행 또는 어떤 타자의 실행)을 통하여서도 그 자신의 소유자임을 포기할 수 없기 때문이고, 사람들이 모든 노무勞務를 위하여 원하는 대로 사용하는 가축의 부류에, 그리고 또한 비록 그 가축을 불구로 만들거나 죽이지 않는 제한을 가지긴 하지만(그러한 제한은 또한 분명 인도인들에게서처럼 지금까지 종교를 통하여 승인되어 있다),

사람들이 원하는 한에서 그 가축의 동의 없이도 보유하는 그러한 가축의 부류에 들 수 없기 때문이다. 만약 그가 단지 그가 권리와 관련하여 그보다 앞서 아무것도 미리 갖고 있지 않는 그의 동료신민 들로서의 다른 사람들과 같은 위계에 오르지 못하는 것이 단지 그 자신에 (그의 능력 또는 그의 진지한 의지에) 또는 그가 다른 어떤 사람에게도 책임을 돌릴 수 없는 상황들에 놓여 있고, 그러나 저항할 수 없는 타자의 의지에 놓여 있는 것은 아니라는 것만을 의식하고 있기만 하다면, 그는 모든 상태에 있어서 행복하다고 간주될 수 있다.*

● ● ●

* 만일 사람들이 **자비로운**이라는 낱말과 하나의 특정한 (선량한, 선행하는, 보호하 는과 같은 낱말들과도 구별되는) 개념을 결합하고자 한다면, 그 낱말은 어떠한 **강제권**[법]도 발생하지 않는 개념에 붙여질 수 있다. 그러므로 모든 것이 공공의 법칙들에 따라 가능한 선을 야기하고 베푸는 그러한 **국가행정**에서의 통수권자만 이 (왜냐하면 그 법칙들을 부여하는 **주권자**Souverän는 말하자면 눈에 보이지 않기 때문이다; 그 주권자는 인격화된 법칙 자체이지, 대리인이 아니기 때문에) 그에게 강제권[법]이 발생하지 않는 유일한 자로서 **자비로운 주인**이라 호칭될 수 있다. 그래서 예를 들어 베네치아에서와 같은 귀족정체에서조차도 **시참사회**Senat가 유 일하게 자비로운 주인이다; 그 시참사회를 이루는 귀족들Nobili[옮긴이: 특히 중세 베네치아 공화국에서 그렇게 호칭됨]은 **총독**[공작]Doge도 제외되지 않고 (왜냐하 면 **대의원회**große Rat만이 주권자이기 때문에) 모두 다 신민들이고 권리[법]행사에 관련하여서도 모든 다른 사람들과 평등한데, 말하자면 그들 각각에 대한 하나의 강제권[법]이 신민에게 귀속한다는 것이다. 그런데 왕자들(즉 통치에 대한 하나의 세습권이 귀속하는 인격들)은 물론 지금 이러한 견지에서조차도 저 요구들[권리주 장] 때문에 (궁정 식으로 정중하게*par courtoisie*) 자비로운 주인이라 불린다; 그러 나 그럼에도 불구하고 그들은 그들의 점유신분Besitzstand에 따라 국가통수권자에 의하여 그들의 최소한의 하인들에게까지도 하나의 강제권[법]이 귀속되어야만 하는 동료신민들이다. 그러므로 국가에서 하나의 유일한 자비로운 주인 외에 더 이상은 있을 수 없다. 그러나 자비로운 (본래는 고귀한[귀족의]) 부인들에 관하여 말하자면, 그들은 그들의 **신분**이 그들의 **성**Geschlecht과 더불어 (따라서 단지 **남성**

3. **시민**, 즉 공동입법자로서 공동적 존재의 한 성원의 **자립성** (*sibisufficientia*). 그렇지만 입법 자체의 요지에 있어서 현전하는 공공의 법칙들 **하에서** 자유롭고 평등한 모든 사람들은 이러한 법칙들을 만드는 법[권리]과 관련하여서는 모두를 평등하다고 여길 수 없다. 이러한 법[권리]의 역량이 없는 사람들은 그럼에도 불구하고 공동적 존재의 성원들로서 이러한 법칙들을 준수하도록 예속되어 있고 그것을 통하여 그 법칙[법률]들에 따른 보호를 받고 있다; 다만 **시민**으로서가 아니라 **보호동료**Schutzgenosse로서.── 말하자면 모든 법[권리]은 법칙[법률]들에 달려 있다. 그러나 모두에 대해서 그들에게 허용되어 있거나 허용되어 있지 않은 것을 규정하는 한 공공의 법칙은 모든 법[권리]을 출발케 하고, 따라서 그 자체 아무에게도 부당하게 행할 수 없어야만 하는 공공의 의지의 행사Aktus이다. 그러나 이를 위하여서는 전 인민의 의지 외에 어떠한 다른 의지도 (모두가 모두에 대해서, 따라서 각각의 한 사람이 자기 자신에 대해서 결정하기 때문에) 가능하지 않다; 왜냐하면 아무도 자기 자신에게만큼은 부당하게 행할 수 없기 때문이다. 그러나 그러한 것이 어떤 다른 사람이라면, 한낱 그와는 상이한 어떤 한 사람의 의지가 그에 대해 무엇이 부당할 수 없을 것인지 아무것도 결정할 수 없다; 따라서 그의 법칙은 그의 입법을 제한했던 또 하나의 다른 법칙을 요구할 것이며, 그러므로 어떤 특수한 의지도 한 공동의 존재를 위하여 입법

• • •

에 반대로) 그들에게 이러한 명칭을 붙이기에 정당하다고 간주될 수 있고, 그것은 남성이 그 자신보다 아름다운 성에 우선권을 인정하면 할수록 더욱 더 많이 스스로를 명예롭게 여기도록 하는 ([옮긴이: 특히 여성에 대한]정중함Galanterie이라 일컫는) 윤리Sitten의 세련에 의한 것이다.

적일 수 없다. (본래적으로 이러한 개념을 형성하기 위하여 대외적인 자유, 평등 그리고 **모든 사람들의** 의지의 **통일성**이라는 개념들이 함께 오는데, 이 마지막의 것에 있어서는 그 앞의 양자가 함께 취해질 때 투표가 요구되기 때문에 자립성이 그 조건이다.) 단지 보편적인 (통일된) 인민의지로부터만 발생할 수 있는 이러한 근본법칙[기본법]Grundgesetz이 **근원적인 계약**ursprünglichen Vertrag이라 일컬어진다.

이제 이러한 입법에서 투표권을 갖는 사람은 하나의 시민([도시]시민Stadtbürger, 즉 부르주아*bourgeois*가 아니라, 시토와엥*citoyen*, 즉 **국[가시]민**Staatsbürger)이라 한다. 그것을 위하여 요구될 수 있는 성질은 **자연적인** 성질 (그것이 아이도 아니고 여성도 아니라는 것) 외에 다음의 유일한 성질이다: 즉 그가 **자기 자신의 주인(그의 권리** *sui iuris*)이라는 것, 따라서 그를 먹여 살리는 그 어떤 **소유물**[자산]Eigentum(이러한 것으로는 또한 각각의 기술, 수공업 또는 아름다운 기술[예술] 또는 학문이 헤아려질 수 있다)을 갖는다는 것; 즉 그는 살기 위하여 그가 타자로부터 벌이할 수밖에 없는 경우들에서 **그의 것***의 양도를 통하여서만 벌이하는 것이지, 그의 힘들을

* * *

* 하나의 **작품**[제품]*opus*을 만드는 사람은 비록 그것이 그의 소유물이라 할지라도 그것을 **양도**를 통하여 다른 한 사람에게 넘겨줄 수 있다. 그러나 **노동의 수행**praestatio operae은 양도가 아니다. 가사종업원, 상점종업원, 일용 노임자, 이발사조차도 한낱 **노동자들**operarii일 뿐이지 (그 낱말의 보다 넓은 의미에서) **기술자들**artifices은 아니어서 국가성원이 될, 따라서 또한 시민이 될 자격이 없다. 비록 내가 어떤 사람에게 나의 장작을 마련해 줄 때의 그 사람과 하나의 옷을 만들기 위하여 나의 천을 제공받는 재단사가 나에 대해 전적으로 유사한 관계들에 처해 있는 것처럼 보인다 할지라도, 이발사가 가발공(이 사람에게 내가 또한 머리카락을 제공했을

사용하도록 그가 다른 사람들에게 내주는 인가Bewilligung를 통하여
벌이하는 것은 아니다. 따라서 그는 그 낱말의 본래적인 의미에서 공동
의 존재 외에 아무에게도 **봉사하지** 않는다는 것이다. 여기서 이제 기술
관련자들과 대규모의 (또는 소규모의) 재물소유주들Gutseigentümer은
서로 모두 평등하다. 즉 각자는 단지 하나의 투표권에 대해서만 권리
가 있다. 그런데 이 후자들[재물소유주들]에 관하여 말하자면, 만일
한 법칙이 그들에게 그 신분Stand의 우선권과 더불어 그들의 후손들
이 매도하거나 상속을 통하여 분할함이 없이, 따라서 다수의 인민들
에게 이용되도록 하지 않고 계속해서 (봉토들Lehne의) 대규모 재물
소유주로 남아 있다거나, 이러한 분할들에서조차도 자의적으로 그
분할을 위하여 지시된 어떤 한 인간계급에 속하는 자 외에 아무도
그 분할로부터 어떤 무엇도 획득할 수 없도록 특권을 부여했다면,
다음의 물음: 어떤 사람이 그가 그 자신의 손으로 이용할 수 있었던
것보다 더 많은 땅을 자신의 것으로 얻었다는 것은 (전생 중의 점령
을 통한 획득은 애초의 획득이 아니기 때문에) 도대체 어떻게 정당
화될 수 있는가; 그리고 그렇지 않았다면 모두 다 하나의 지속적인
점유신분Besitzstand을 획득할 수 있는 많은 사람들이 그 전쟁 중의
점령을 통하여 살아갈 수 있기 위하여 저 사람에게 한낱 봉사하게

• • •

것이다)과 구별되는 것처럼 저 사람은 이 사람으로부터 구별된다. 즉 일용 노임자
가 하나의 제품을 만드는 기술자 또는 수공업자, 즉 값을 지불받지 않은 한에서는
그 제품이 그에게 속하는 그러한 기술자 또는 수공업자로부터 구별되는 것과 마찬
가지이다. 그러므로 공업경영자로서 후자는 그의 소유물을 타자와 거래하며 (**제품**
opus), 전자는 그가 타자에게 허가한 그의 힘들의 사용을 거래한다 (**노동operam**).
── 고백하건대, 자기 자신의 주인이라는 한 인간의 신분[지위]에 대해 [권리]요구
할 수 있기 위하여 필요한 것을 규정하는 것은 약간 어렵다.

되어 있는 것은 어떻게 된 것인가?를 한 번 생각해 볼 것도 없이, 그 법칙은 이미 앞의 평등성의 원칙에 맞서 충돌할 것이다. 말하자면 대규모 재물점유자Gutsbesitzer는 그의 자리를 차지할 수 있을지도 모를 만큼의 보다 규모 작은 소유주들을 그들의 투표[권]들Stimmen을 가지고서 무효화시킨다; 그러므로 그는 그들의 이름으로 투표하지 않고, 따라서 단 **하나의** 투표[권]Stimme만을 갖는다.——그러므로 각 사람은 일단 전체 중 한 부분을 그리고 모든 이는 그 전체를 획득한다는 것이 단순히 공동적 존재의 각각의 구성원의 능력, 열심 그리고 행운에 달려 있을 수밖에 없기 때문에, 그러나 이러한 차이는 보편적 입법에서 헤아려질 수 없기 때문에: 입법을 위하여 투표할 수 있는 사람의 수는 점유신분에 있는 사람들의 머리들에 따라 판정되며, 점유하고 있는 양[크기]Größe에 따라 판정되지 않는다.

그러나 또한 이 투표권을 갖는 **모든 이**는 이러한 공공적 정의의 법칙에 합치해야만 한다; 그렇지 않다면 무언가 결정되기 위하여 그 법칙에 일치하지 않는 사람들과 스스로 보다 더 높은 한 법적 원리를 필요로 했던 전자의 사람들[투표권을 갖는 모든 이들] 사이에 하나의 권리[법]싸움Rechtsstreit이 있을 것이기 때문이다. 그러므로 만일 전자의 법칙이 하나의 전체 인민에 의해서 기대될 수 없고, 따라서 투표들의 다수만이, 더욱이 (하나의 대 민족에 있어서는) 직접적으로 투표자들의 다수가 아니라 단지 그 인민의 대리인들로서 대표단원들의 다수만이 오로지 도달할 수 있는 것으로 예견될 수 있는 것이라면, 이러한 다수를 충족시키는 원칙조차도 보편적인 합치를 지닌 것으로서, 그러므로 하나의 계약을 통하여 받아들여진 것으로서 한 시민적 헌정체제Verfassung를 설립하는 최상의 근거임에 틀림없을 것이다.

귀결

이제 여기에 인간들 가운데 오로지 하나의 시민적인, 따라서 전반적으로 법적인 헌정체제를 근거 지을 수 있고 하나의 공동적 존재를 설립할 수 있는 하나의 **근원적인 계약**이 있다.——그렇지만 하나의 공동체적이고 공공의 의지를 위한 (순전히 하나의 법적인 입법을 위한) 한 민족에 있어서 각각의 특수하고 사적인 의지의 연립[연합,제휴]Koalition으로서 이러한 계약(**근원적 계약**contractus originarius 또는 **사회계약**pactum sociale이라 일컫는 계약)은 결코 하나의 **사실**Faktum으로서 전제할 필요가 없다(물론 그러한 것[사실]으로서는 전혀 불가능하다); 말하자면 이미 존속하는 하나의 시민적 헌정체제에 구속된 것으로 여기기 위하여, 마치 우리가 후손으로서 그 권리들과 구속력들 속에 들어가 있는 하나의 민족이 **한 번** 실제로 하나의 그러한 행사Aktus를 완수하고 그것에 관한 하나의 확실한 소식이나 어떤 한 도구를 우리에게 구전으로 또는 기록으로 남겨 놓았음이 틀림없다는 것이 무엇보다도 이미 역사로부터 증명될 수밖에 없는 것인 양 하나의 사실로서 전제할 필요가 없다. 오히려 그 계약은 이성의 한갓된bloße **이념**이지만, 그 이념은 자신의 의심되지 않는 (실천적) 실재성을 갖는다: 말하자면 그 이념은 각각의 입법자가 그의 법칙들을 그것들이 하나의 전체 인민의 통일된 의지로부터 생겨날 **수** 있었던 것처럼 제정하도록 그를 구속하고, 각각의 신민이 시민이고자 하는 한에서, 마치 그가 하나의 그러한 의지에 함께 합치한 것인 양 그를 간주한다는 것이다. 왜냐하면 그러한 것은 각각의 한 공공의 법칙의 합법성Rechtsmäßigkeit에 대한 시금석이기 때문이다. 이를테면 이러한 공공의 법칙이 (예를 들어 **신민들** 중 어떤 한 계급은 현저하게 **주인신분**의 우선권을 가져야 한다는 것과 같이) 하나의 전체 인민이 **불가능하게도** 그 법칙에 대해 찬동할 수 있을 것처럼 만들어져 있다면, 그 법칙은 정당하지 않다; 그러나 한 민족이 그 법칙에 합치하는 것만이 **단지 가능하다**면, 그 법칙을 정당한 것으로 간주하는 것은 의무이다: 또한 그 민족은 현재 그 민족의 사유방식에 있어서 하나의 그러한[합치하는] 사정 또는 분위기 속에 있을 것이라는 것, 그리고 만약 그 민족이 그 법칙에 관하여 의심하게 된다면, 그 민족은 아마도 자신의 동의를 거부할 것이라는 것도 정해진 사실이다.*

그러나 이러한 제한은 분명히 입법자의 판단에 있어서만 타당하고 신민의 판단에 있어서는 그렇지 않다. 그러므로 만일 한 민족이

● ● ●

* 예를 들어 만일 모든 신민들에 대해 비례적으로 전쟁세금이 매겨진다면, 그 세금이 강압적이기 때문에 이 신민들은 대략 그 전쟁이 그들의 견해에 따르면 불필요하다는 이유를 들어 부당하다고 말할 수 없다: 왜냐하면 그것은 그들이 정당하다고 판정될 수 없기 때문이 아니라, 오히려 그 전쟁이 불가피하고 그 세금이 필수적이라는 것이 언제나 **가능한** 것으로 남기 때문에, 그 세금은 신민들의 판단에 있어서 합법적인 것으로 간주될 수밖에 없다. 그러나 만일 어떤 재물소유주들이 하나의 그러한 전쟁에서 공급으로 부담을 지고, 그러나 그것과 더불어 다른 사람은 그의 신분에 해를 입지 않는다면: 하나의 그러한 법칙에 대해서는 전체 인민이 합치할 수 없다는 것이 쉽게 알려지고, 그 전체 인민에게는 적어도 그 법칙에 반대하여 생각들을 제기할 권한이 있다. 왜냐하면 그 전체 인민은 이 불평등한 짐의 분배를 정당하다고 간주할 수 없기 때문이다.

현재 어떤 한 현실적인 입법 하에서 자기의 행복을 잃을 것이라고 최대의 개연성을 가지고 판단한다면: 그와 같은 판단에 대해 행할 수 있는 것은 무엇인가? 그 민족은 저항해서는 안 되는가? 대답은 단지 다음과 같을 수 있다: 그 민족은 그러한 판단에 대해 순종하는 것 외에는 아무것도 할 수 없다. 왜냐하면 여기서 이야기되는 것이 공동적 존재의 설립 또는 관리행정으로부터 신민에게 기대되어지는 행복에 관한 것이 아니라; 무엇보다도 순전히 그 공동적 존재의 설립을 통하여 각각의 한 사람에게 보장되어야 하는 권리[법]에 관한 것이기 때문이다: 그 권리[법]는 한 공동적 존재에 해당하는 모든 준칙들이 기인해야만 하는 최상의 원리이고, 그것은 다른 어떠한 것을 통하여서도 제한되지 않는다. 전자(행복)와 관련하여서는 어떤 보편타당한 원칙도 법칙으로 주어질 수 없다. 왜냐하면 시대상황뿐만 아니라 서로 매우 상충되어 그때 언제든지 변할 수 있는 망상[환상]Wahn 속에서 누군가가 자신의 행복을 설정히는 것(그러나 그가 그 속에서 행복을 설정하긴 하지만, 아무도 그에게 규칙으로 정할 수 없는 망상)은 모든 확고한 원칙들을 불가능하게 만들고 입법의 원리를 위하여 그 자체로 소용이 없기 때문이다. 다음의 명제: **공공의 안녕은 국가의 최상의 법칙이다**salus publica suprema civitatis lex[6]는 그 명제의 감소되지 않는 가치와 명망으로 남아 있다; 그런데 **최우선적으로** 고려되어지는 공공의 무사안녕Heil은 바로 각자에게 그의 자유를 법칙들을 통하여 보장하는 그러한 법칙적인 헌정체제를 말한다; 여기서 다만 그가 저 보편적인 합법칙적 자유에, 따라서 다른 동료신민들의 권리에 지장을 초래하지 않는다면, 그에게는 그에게 최선으로 여겨지는 각각의 방법으로 그의 행복을 추구하는 것이 자유재량으로 맡겨져 있다.

만약 최상의 권세가 최우선적으로 행복(시민의 유복Wohlhabenheit, 인민정착Bevölkerung 등등)에 맞춰져 있는 법칙들을 제정한다면: 이 것은 시민적인 헌정체제의 수립이라는 목적으로서가 아니라, 순전히 **법적인 상태**를, 특히 민족의 대외적인 적에 대해 **보장하는** 수단 으로서 발생한다. 이에 대해서는 국가통수권자가 그와 같은 것이 공동적 존재의 세력과 견고성을 내적으로뿐만 아니라 대외적인 적에 대해서도 보장하기 위하여 요구될 수 있는 그 공동적 존재의 번영에 속하는지 어떤지를 스스로 그리고 단독으로 판단할 권한을 가지고 있어야만 한다; 그렇지만 인민은 이를테면 공동적 존재의 의지에 거슬러 행복하게 할 권한이 아니라, 단지 그 민족이 공동의 존재로서 실존하게 할 권한만을 가지고 있어야만 한다.* 이제 저 조처가 **영리하게** 취해졌는지 그렇지 않은지를 판정함에 있어서는 입법자가 잘못할 수도 있지만, 그러나 입법자가 스스로 그 법칙이 또한 법의 원리와 합치하는지 그렇지 않은지를 묻는 판정행위에서 는 잘못할 수 없다; 왜냐하면 여기서 그가 근원적인 계약의 저 이념 을 틀릴 수 없는 지침으로 가지고 있고, 더욱이 **선험적으로**a priori 손에 지니고 있기 때문이다(그리고 행복의 원리에서처럼 그를 그의 수단의 유용성에 의해 지도할 수밖에 없는 경험들을 고대할 필요가

* * *

* 그러한 권한에는 외부인들이 이득을 얻고 다른 신민들의 열심에 활기를 주도록 장려되기 위하여서가 아니라, 획득수단들이 신민에게 최선으로 장려되기 위하여 일정한 수입의 금지들이 속한다. 왜냐하면 국가는 인민의 유복 없이는 외부의 적들에 대항하거나 자기 자신을 공동의 존재로서 유지할 힘들을 충분히 소유하지 못할 것이기 때문이다.

없기 때문이다). 그렇다면 그 법칙이 그 민족을 성가시게 하든지 어떻게 하든지 간에, 만일 한 전체 인민이 그러한 한 법칙에 합치한다는 것이 다만 모순되지 않는다면: 그 법칙은 권리[법]에 따른 것이다. 그러나 한 공공의 법칙이 이러한 권리[법]에 따른 것이라면, 따라서 권리[법]를 고려하여 나무랄 데 없다(**흠잡을 데 없다**irreprehensibel)면: 그 법칙과 더불어 또한 강제하는 권한이 결부되어 있고, 다른 한 편으로 당연히 입법자의 의지에 폭력적으로 저항해서는 안 되는 금지도 결부되어 있다: 즉 법칙에 효력을 부여하는 국가에서의 권세 Macht는 또한 저항될 수 없고(**반항될 수 없고**irresistibel), 모든 내부의 저항을 진압하는 그러한 한 권력Gewalt 없이는 법적으로 존속하는 어떠한 공동의 존재도 실존하지 않는다. 왜냐하면 이러한 저항은 일정한 준칙에 따라 일어나는바, 그 준칙이 일반화되어 모든 시민적 헌정체제를 파괴하고 오로지 인간이 권리 일반을 소유하고 있을 수 있게 하는 상태를 말살할 것이기 때문이다.

이로부터 다음의 것이 뒤따른다: 최상의 입법 권세에 대한 모든 저항가능성, 신민들의 불만을 폭력적으로 행사하도록 하기 위한 모든 선동, 반란으로부터 발발하는 모든 봉기는 공동적 존재에서 최고의 그리고 가장 처벌받을 만한 범죄행위이다. 왜냐하면 그 범죄행위는 공동적 존재의 토대를 붕괴시키기 때문이다. 그래서 이러한 금지는 저 권세 또는 그 권세의 대리인, 즉 국가통수권자가 더욱이 근원적인 계약을 위반하고 그 권세가 행정부Regierung에 철저히 폭력적으로 (전제적으로) 조처하도록 전권을 위임함으로써 _스스로_ 입법자라는 권리를 신민의 개념에 따라 박탈하게 만들었음에도 불구하고, 신민에게는 반대권력으로서의 어떠한 저항도 허용되어 있지 않을 정도로 **무조건적**이다. 그에 대한 이유는 다음과 같다: 왜냐하면 이미 자립적으로 존재하는 한 시민적인 헌정체제에서 인민은 어떻게 저 헌정체제가 관리되어야 하는지를 규정하는 판단을, 즉 권리에 대한 지속적인 판단을 더 이상 갖지 않기 때문이다. 그렇다면 사람들이 하나의 그러한 판단을, 더군다나 실제의 국가통수권자의 판단에 반하는 판단을 갖고 있다고 한다면; 누구 편에 권리가 있는지를 누가 결정할 것인가? 양자 중 아무도 그 자신의 사안에 있어서 재판관으로서 행할 수 없다. 그러므로 통수권자 위에 또 한 통수권자가 있어야만 할 것이며, 그 통수권자는 이 통수권자와 인민 사이에서 어느 누가 모순되는지를 결정할 것이다.── 또한 최고의 (자연적인 [물리적인]physischen) 궁지Not에서 **부당하게**[불법적으로] 행하는, 어차피 하나의 추정적vermeintes 권리로서 무의미한 것인 하나의 긴급권Notrecht (필요한 경우[긴급 상황]에서의 권리*ius in casu necessitatis*) 같은 것도* 여기에 개입할 수 없고 인민의 독단Eigenmacht을

· · ·

* 의무들이, 즉 **무조건적인 의무**와 (아마도 중대한, 그렇지만) **조건적인 의무**가 서로 충돌하는 경우 외에는 어떠한 **긴급 상황***casus necessitatis*도 없다; 예를 들어 다른 한 사람에 대해 대략 아버지와 아들과 같은 관계에 있는 어떤 한 사람의 반역을 통한 국가의 불행을 방지하는 것이 관건일 때와 같은 경우. 국가의 해악에 대한 이러한 방지는 무조건적인 의무이지만, 그 한 사람의 불행의 방지는 (이를테면 그가 국가에 대한 어떤 범법행위로 죄를 짓지 않은 한에서는) 단지 조건적인 의무일 뿐이다. 그 사람은 자신이 국가의 계획에 관하여 당국에 할지도 모르는 고소를 아마도 최대의 반감을 가지고 할 것이지만, 궁지(즉 도덕적 궁지)에 몰려서 할 것이다.── 그러나 만일 어떤 한 난파당한 사람이 자신의 생명을 지키기 위하여 다른 한 사람을 그의 판자로부터 밀쳐내어,[7] 자기는 자신의 궁지(자연적 궁지)로 말미암아 그렇게 할 권리를 얻었다고 말한다면: 그것은 전적으로 잘못이다. 왜냐하면 나의 생명을 지키는 것은 (만일 그것이 범법행위 없이 일어날 수 있다면) 단지 조건적인 의무일 뿐이기 때문이다; 그러나 나를 모욕하지 않는, 그러니까

제한하는 차단목을 들어올리기 위하여 열쇠를 내줄 수 없다. 왜냐하면 국가의 통수권자는 신민들이 그를 향한 그들의 온당치 못한 고통에 대한 탄핵을 통하여 그들의 반란을 정당화한다고 여기는 것과 마찬가지로 그들의 반항으로 말미암아 그들에 대해 그의 가혹한 조치를 취할 수 있다; 그러면 여기서 누가 결정하겠는가? 최상의 공공적 법집행권을 소유[점유]하고 있는 자, 그것은 바로 국가통수권자이며, 이 국가통수권자가 그것을 단독으로 행할 수 있다; 그러므로 공동의 존재에서 아무도 그에게 이러한 소유[점유]Besitz를 문제 삼을 권리를 가질 수 없다.

그럼에도 불구하고 나는 특정한 상황 하에서 수장Obern에 대한 반대권력을 위한 신민의 권한을 주장하는 존경할 만한 사람들을 발견하는데, 그들 가운데 나는 여기서 자신의 자연법 교설에 있어서 매우 신중하며, 명확하고 겸손한 **아헨발**Achenwall만을 언급하고자 한다.* 그는 말한다: "만일 통수권자의 부정의를 오랫동안 인내함으로써 공동의 존재를 위협하는 위험이 그를 향하여 무기를 잡는 것에 의해 처리될 수 있는 것보다 더 크다면: 그때 인민은 저 통수권자에게 저항할 수 있으며, 이러한 권리를 위하여 자신의 예속계약으

• • •

전혀 한 번도 나의 것을 잃어버리게 할 위험에 **빠뜨리지** 않는 어떤 한 사람에게서 생명을 **빼앗지** 않는 것은 무조건적인 의무이다. 그렇지만 보편적인 시민법의 교사들은 그들이 이러한 긴급구제에 승인하는 법[권리]적인 권한에 대해 전적으로 수미일관한 태도를 취한다. 왜냐하면 당국은 어떠한 **형벌**도 금지와 결부시킬 수 없기 때문인데, 그 까닭은 이러한 형벌이 죽음일 수밖에 없을 것이기 때문이다. 그러나 누군가를 죽음으로 위협하는 것은, 만일 그가 위험한 상황에서 자신을 죽음에 자발적으로 넘겨주지 않았다면, 하나의 불합리한 법칙이다.

* **자연법**[8]. 제5판. 후반부, 203-206쪽. *Ius Naturae. Editio 5ta. Pars posterior*, §§ 203-206.

로부터 벗어날 수 있고, 전제군주로서 그를 폐위시킬 수 있다." 그리고 그는 이어서 다음과 같이 말한다: "인민은 그러한 방식으로 자연상태로 (또는 자신의 이전의 최고지배자Oberherrn에게로) 되돌아갈 것이다."

나는 당연히 **아헨발**뿐만 아니라 이것에 대해 그와 일치하여 사변을 늘어놓았던 그 어떤 성실한 사람들도 그러한 일이 일어나는 그 어떤 경우에 있어서도 그렇게 위험한 기도들에 대해 그들의 권고나 동의를 하지 않았을 것이라고 생각한다; 만약 스위스, 통합 네덜란드 그리고 또한 영국[9]으로 하여금 아주 행복하다고 찬양되는 현재 그들의 헌정체제를 쟁취하게 했던 저 반란이 실패했다면, 그 반란에 대한 역사의 독자들은 현재 그렇게 추앙된 그들의 주모자들을 처벌함에 있어서 중대 국가범죄자들에 응당한 형벌 외에는 아무것도 보지 못할 것임은 거의 의심의 여지가 없다. 왜냐하면 그 결말이 통상적으로 우리가 법적 근거들을 판정함에 있어서 끼어들게 되지만, 저 결말은 불확실했던 반면에 이 법적 근거들은 확실하기 때문이다. 그러나 법적 근거들에 관해 말하자면,── 비록 사람들이 하나의 그러한 반란으로 말미암아 나라주인[영주]Landesherr(그는 아마도 하나의 **즐거운 입성**_joyeuse entrée_[10]과 같이 근거로 놓여 있는 하나의 실제적인 인민과의 계약을 손상시켰을 것이다)에게 어떠한 부당함[불법]도 발생하지 않을 것이라고 생각할 때조차도── 인민이 그들의 권리를 찾는 이러한 방식을 통하여 최고도로 부당하게 행하였다는 것은 분명하다. 왜냐하면 (준칙을 위하여 상정된) 이러한 방식은 모든 법적인 헌정체제를 불확실하게 만들고, 모든 법[권리]이 중지되는, 적어도 그러한 효과를 갖는 하나의 철저한 무법칙성의 상태(자

연상태(*status naturalis*)를 초래하기 때문이다.── 다만 나는 인민에게 (이 인민의 부패에 대하여) 지지의사를 표명하는 아주 많은 사려 깊은 저자들의 이러한 성벽에 있어서 다음의 것을 환기하고 싶다: 법[권리]의 원리와 관련하여 말하자면, 그 성벽에 대해서는 부분적으로 행복의 원리를 그들의 판단들 하에 밀어 넣는 통상적인 기만이 원인이라는 것; 부분적으로는 또한 실제로 공동의 존재에 제시된, 즉 그 공동적 존재의 통수권자에 의해 수용되고 양자에 의해 승인된 하나의 계약이라는 도구가 마주쳐질 수 없는 곳에서조차도 그들이 항상 이성 속에 근거로 놓여 있는 근원적인 계약의 이념을 **실제로** 발생한 것임에 틀림없다고 하는 어떤 무엇으로서 상정하였고, 그래서 그것에 의한 하나의 막대한 위반, 그러나 그것을 위하여 인민 스스로 판정한 위반의 상황에서 자기 마음대로 벗어날 권한이 인민에게 항상 유지된다고 생각하였다는 것이다.*

여기서 사람들은 명백히 (본래적으로 전혀 규정된 원리의 역량이

● ● ●

* 또한 언제든지 최고지배자와 인민의 실제적인 계약이 손상되어 있을 수 있다. 그때 그럼에도 불구하고 이 인민은 즉각 **공동의 존재로서** 대항할 수 있는 것이 아니라, 단지 분노를 통하여서만 대항할 수 있다. 왜냐하면 지금까지 존속한 헌정 체제는 인민에 의해 파손되었기 때문이다; 그러나 공동의 존재를 위한 조직은 여전히 최우선적으로 생겨나야 할 것이다. 여기에 이제 무정부 상태Anarchie가 적어도 그 상태를 통하여 가능한 그 모든 만행과 함께 나타난다; 그리고 그렇다면 여기서 발생하는 부당함[불법]은 인민에 있어서의 각각의 한 당파가 다른 당파에게 부가하는 것이다; 언급된 사례로부터 또한 밝혀지듯이 그곳에서는 저 국가의 봉기하는 신민들이 결국에는 그들이 버렸던 것보다 훨씬 더 압제적이 될지도 모르는 하나의 헌정체제를 서로 강권적으로 요구하고자 할 것이다; 말하자면 그들이 모두를 지배하는 한 통수권자 하에서 국가의 짐을 배분함에 있어서 더 많은 평등을 기대할 수 있었던 대신에 성직자들과 귀족들에 의해 소모된다는 것이다.

없는) 행복의 원리가 도덕에서 행하는 것과 마찬가지로 또한 국가법에서도 악을 야기하며, 또한 그러한 원리를 가르치는 교사들이 견지하는 최선의 견해에서조차도 그렇다. 주권자는 자신의 개념들에 따라 인민을 행복하게 만들고자 하여 전제군주가 된다; 인민은 자신의 행복에 대한 보편적인 인간적 요구Anspruch를 빼앗기지 않으려 하여 반란자가 된다. 만약 최우선적으로 무엇이 정당한 것인지(**선험적** 원리들이 확정하는 것이 무엇인지, 그리고 어떠한 경험론자도 그러한 점에서 속임수를 쓸 수 없는 것이 무엇인지)가 물어졌다면: 사회계약의 이념은 이론의 여지가 없는 명망 속에 머물러 있을 것이다; 그러나 사실Faktum (**당통**Danton[11])이 그러한 사실 없이는 실제로 실존하는 시민적 헌정체제 속에 처할 수 있는 모든 권리들과 모든 소유물을 영零이고 무효한 것이라 선언하고자 하는 것처럼)로서가 아니라, 모든 공공의 법적인 헌정체제 일반을 판정하는 단지 이성의 원리로서 그러하다. 그리고 보편적 의지가 현전하기 전에는 인민이 자신의 명령자에 대한 그 어떤 강제권[법]Zwangsrecht도 소유하지 못한다는 것을 알아차리게 될 것이다. 왜냐하면 이 강제권은 단지 저 명령자를 통해서만 법적으로 강제할 수 있기 때문이다; 그러나 저 보편적 의지가 현전할 때에도 마찬가지로 그 보편적 의지에 의해 이 명령자에 대해 행사할 수 있는 강제가 발생하지 않는다. 왜냐하면 그때 그 강제권[법] 자체는 최고의 명령자일 것이기 때문이다; 따라서 인민에게는 국가통수권자에 대해 결코 하나의 강제권(말 또는 행위에 있어서의 저항)이 부속하지 않는다는 것이다.

우리는 또한 이러한 이론을 실천에서도 충분히 확인하고 있다. 그렇지만 우리는 인민이 스스로의 입헌Konstitution으로 마치 그것이 모든 세계를 위한 견본인 것인 양 매우 거창하게 행한 영국의 헌정체제[헌법]에서 군주가 1688년의 계약[12]을 위반하는 경우에 그 헌정체제[헌법]는 인민에게 귀속되는 권한에 관해서 완전히 침묵하고 있다는 것을 발견한다; 따라서 만일 군주가 그 권한을 침해하려고 한다면, 이에 대한 법칙이 현전하지 않기 때문에 반란을 암암리에 유보하고 있는 것이다. 그렇다면 이 경우에 있어서 그 입헌[구성]이 모든 특수한 법칙들을 나오게 하는 자존적인 헌정체제[헌법]를 (계약이 위반된다는 것이 정해져 있음에도) 전복시킬 권리를 주는 하나의 법칙을 포함하고 있다는 것은 하나의 명백한 모순이다. 왜냐하면 그때 그 헌정체제는 하나의 **공적으로 입헌된**[구성된]* 반대세력도 또한 포함하고 있을 수밖에 없을 것이며, 따라서 첫 번째 통수권자에 대해 인민의 권리를 보호한 또 하나의 두 번째 국가통수권자가 있을 수밖에 없을 것이고, 그러나 그렇다면 또한 양자 사이에서 어느 쪽에 권리가 있는지를 결정한 제3의 통수권자도 있을 수밖에 없을 것이기 때문이다.── 또한 저 인민의 지도자들(또는 사람들이 원한다면, 후견인들Vormünder)은 그들의 기획이 어느 정도 실패했을 경우에 그러한 탄핵을 염려하여, 그들에 의해 겁먹은 군주에게서 그 신분의 해임권을 부당하게 차지하기보다는 오히려 자발적으로 통치에서

⬤ ⬤ ⬤

* 국가에서의 어떠한 권리도 하나의 비밀 유보를 통하여, 말하자면 교활하게 숨겨질 수 없다; 구성[입헌]에 속하는 자로서 인민이 부당하게 차지하는 최소한의 권리도 [교활하게 숨겨질 수 없는데], 왜냐하면 그 입헌의 모든 법칙들은 하나의 공공의 의지로부터 발생한 것으로 생각되어야만 하기 때문이다. 그러므로 만일 입헌이 봉기를 허가했다면, 이 입헌은 그러한 권리를, 그리고 어떤 방식으로 그 권리를 사용할 것인지를 공적으로 해명해야만 할 것이다.

물러난다고 **날조하였으며**, 그것을 통하여 그들은 헌정체제를 명백한 자기모순으로 바꿔 놓았을 것이다.

이제 만약 사람들이 나에게 이러한 나의 주장들에 있어서 내가 이러한 불가침성을 통하여 군주에게 너무 많이 아첨한다는 비난을 확실히 하지 않는다면: 동시에 내가 인민은 국가통수권자에 대하여 자기의 손실될 수 없는 권리들을 가지고 있다고 말한다면, 비록 이 권리들이 강제권일 수는 없다고 할지라도, 희망컨대 사람들은 나에게 또한 내가 인민을 위하여 너무 많이 주장하였다는 비난을 면하게 할 것이다.

홉스[13]는 대립된 견해에 있다. 그에 따르면 (『시민에 대하여』*de Cive* 7장, § 14) 국가통수권자는 계약을 통하여 인민에게 어떤 것에 대해서도 구속되어 있지 않고 (그가 시민을 마음대로 처리하든지 어떻게 하든지 간에) 시민에게 부당하게[불법적으로] 행할 수도 없다.──이 명제는 전적으로 옳을 것이다. 만일 부당함[불법]이 피해자에게 그를 부당하게 다룬 사람에 대한 하나의 강제권을 인정하는 그러한 침해라고 이해된다면; 일반적으로 그 명제는 경악할 만하다.

비-반항적인 신민은 그의 최고지배자가 그에게 부당하게 행하고 **싫어 하지** 않는다고 상정해야만 한다. 따라서 각 사람은 자기의 손실될 수 없는 권리들을 가지는바, 그 권리들을 그가 원한다 할지라도 결코 포기할 수 없고, 그 권리들에 대해 그가 스스로 판단할 권한이 있기 때문에; 그러나 그의 생각에 따라 그에게 일어나는 부당함은 저 전제에 따르면 단지 최고권세의 법칙들로부터 나오는 어떤 귀결들의 오류 또는 무지로부터 발생하기 때문에: 국[가시]민에게는, 정확히 말하여 최고지배자 자신의 양해를 지닌 국민에게는 공동적 존재에 대한 그 최고지배자의 조처들에 의해 어떤 부당함으로 보이는 것에 대하여 자신의 의견을 공적으로 알릴 권한이 귀속해야만 한다. 왜냐하면 통수권자가 또한 결코 잘못할 수 없다거나 하나의 사안에서 잘 모를 수 없다고 상정하는 것은 그를 하늘의 영감으로 은총을 입은 것으로, 그리고 그를 인간성을 초월한 숭고한 존재로 생각하는 것일 것이기 때문이다. 그러므로 **펜의 자유**die Freiheit der Feder는— 사람들이 살고 있는 헌정체제를 위한 존경과 사랑이라는 제한들 속에서 또한 헌정체제 자체를 위하여 저 펜이 불러일으키는 신민들의 자유로운liberale 사유방식을 통하여 유지되므로 (그리고 그렇게 펜들도 서로 자신의 자유를 잃지 않기 위하여 저절로 스스로를 제한하므로)— 유일한 인민권리들의 수호신Palladium이다. 그렇다면 그[국민]에게서 이러한 자유를 또한 박탈하고자 하는 것은 그에게서 최상의 명령권자와 관련한 모든 권리주장을 (홉스에 따라) 빼앗는 것과 같을 뿐만 아니라, 또한 최상의 명령권자의 의지는 다만 그가 보편적 인민의지를 대리함으로써만 시민들로서의 신민들에게 명령들을 내리는 것이므로, 만일 그가 [인민의 의지를] 알았다면 그가 스스로 고칠지도 모르는 것에 관한 모든 정보[지식]Kenntnis를 그에게서 빼앗는 것이고 그를 자기모순 속에 빠뜨리는 것과 같다. 그러나 통수권자에게 자기사유Selbstdenken와 의거사유Lautdenken를 통하여 국가에 동요가 일어나게 될지도 모른다는 우려를 불러일으키는 것은 그에게 그 자신의 권세에 대한 불신이나 또한 그의 인민에 대한 증오를 일으키는 것과 같다.

그러나 한 인민으로 하여금 자기의 권리들을 **부정적**[소극적]**으로**, 즉 단순히 최고의 입법에 의해 그 입법의 최선의 의지와 함께

지시되지 않은 것으로 간주될 수 있는 것이 무엇인지만을 판정하게 하는 보편적 원리는 다음의 명제 속에 포함되어 있다: **한 인민이 자기 자신에 대해 결의할 수 없는 것을 입법자도 또한 그 인민에 대해서 결의할 수 없다.**

그러므로 예를 들어: 일단 정비된 일정한 교회 규약kirchliche Verfassung을 항구적으로 지속하는 것이라고 분명히 명령하는 한 법칙은 입법자의 본래적인 의지(그의 의도)로부터 나온 것으로 간주될 수 있는가?라는 물음이 있다면, 우선 다음과 같이 묻게 된다: 한 민족은 외적인 종교의 한번 받아들여진 어떤 신앙교리들과 형식들이 영원히 불변해야 한다는 것을 법칙으로 삼아도 **되는가**; 따라서 그 법칙은 그 자체로 그 민족의 후손에게 있어서 종교의 관점에서 더 진보시키거나 어느 정도 낡은 오류들을 고치는 것을 막아도 되는가? 이제 여기서 그 민족이 법칙으로 만든 하나의 근원적인 계약이 그 자체로 영無이고 무효일거라는 것은 명백하게 된다: 왜냐하면 그 계약은 인간성[인류]의 규정과 목적에 충돌하기 때문이다; 따라서 그 계약에 따라 주어진 법칙은 말하자면 반대생각들이 제기될 수 있도록 하는 군주의 본래적인 의지로 간주될 수 없기 때문이다. —— 그러나 만약 어떤 무엇이 그럼에도 불구하고 최상의 입법에 의해 그렇게[위와 같은 방식으로] 조치되었다면, 모든 경우들에 있어서 그러한 조치에 대하여 보편적이고 공적인 판단들이 내려질 수는 있지만, 그 조치에 대해 결코 문자적이거나 실행적인 저항이 발휘되지 않는다.

모든 공동의 존재에는 (전체에 미치는) 강제법칙들에 따르는 국가헌정체제의 기제Mechanismus 하에의 **순종**이, 그러나 동시에 **자유의**

정신이 있어야만 한다. 왜냐하면 각 사람은 보편적 인간의무에 해당하는 것에서 이성을 통하여 그가 자기 자신과 모순에 빠지지 않기위하여 이러한 강제가 합법적이라는 것을 확신하길 요구하기 때문이다. 후자[자유의 정신] 없이 전자[순종]는 모든 **비밀스러운 사회들**을 유발하는 원인이다. 왜냐하면 특히 인간 일반에 관한 문제에서서로 알려주는 것[공개성]은 인간성[인류]의 자연소명Naturberuf이기 때문이다; 그러므로 만약 이러한 자유가 비호된다면 저 사회들은도태될 것이다.── 그리고 통치가 그 근원과 작용들에 있어서 매우존경할 만한 자유의 정신을 발언하게 하는 것 외에 달리 또한 무엇을통하여 그 통치의 고유한 본질적인 의도를 촉진하는 정보[지식]들이통치에 있을 수 있겠는가?

* * *

모든 순수한 이성원리들을 지나쳐가는 하나의 실천은 하나의 좋은 국가헌정체제를 위하여 필요한 것들이 무엇인지를 묻는 곳 외에는 이론에 대해 더 오만불손하여 그 어떤 곳에서도 [이론과] 합의하지 않는다. 그 이유는 오랫동안 존속해온 한 법칙적인 헌정체제가인민을 그 헌정체제의 행복뿐만 아니라 권리들을 모든 것이 지금까지 순탄한 과정 속에 있어 왔던 그 상태에 따라 판정하게끔 하는하나의 규칙에 서서히 길들여지게 하기 때문이다; 그러나 그러한규칙은 거꾸로 양자[행복과 권리들]에 관하여 이성을 통해 수중에 주어진 개념들에 따라 후자[상태]를 평가하는 것이 아니라; 오히려 하나의 더 좋은 상태를 구하기 위하여 저 수동적인 상태를 항상 위험천만한 처지에로 더욱 앞당기는 것이다(이것은 히포크라테스Hippokrates가 의사들에게 명심시키는 것에 해당된다: **판단은 불확실하며, 시도는 위험천만하다**iudicium anceps, experimentum periculosum).[14] 이제 충분히 오랫동안 존속해온 모든 헌정체제들은 그것들이 결함들을 가지고 있든지 어떻든지 간에 그 헌정체제들의 모든 다양함[상이함]에도 불구하고 사람들이 그 처한 다양함[상이함]에 만족하고 있다는 점에서는 한 가지 결과를 주기 때문에: **인민의 복지**Volkswohlergehen를 고려하게 되는 경우에는 본래적으로 이론은 전혀 유효하지 않고, 모든 것은 경험에 잘 따르는 하나의 실천에 기인한다.

그러나 이성 속에 **국가법**이라는 낱말을 통하여 표현될 수 있는 것으로서의 어떤 무엇이 있다면, 그리고 이 국가법의 개념이 자신들의 자유의 대립관계Antagonism 속에서 서로 맞서 있는 인간들에 대해 그 대립관계로부터 그들에게 발생할지도 모르는 편안 또는 불편이 또한 고려될 필요 없이 (그것에 관한 정보[지식]는 한낱 경험에만 기인한다) 결합하는 힘을 갖는다면, 따라서 객관적 (실천적) 실재성을 갖는다면: 그 국가법은 **선험적** 원리들에 근거하고 있는 것이다 (왜냐하면 법[권리]이 무엇인지를 경험은 가르칠 수가 없기 때문이다); 그래서 국가법에 대한 하나의 **이론**이 있는바, 그 이론과의 일치 없이는 어떠한 실천도 타당하지 않다.

이에 반하여 물론 인간들이 그들에게 속하는 법[권리]들에 관한 이념을 머릿속에 갖고 있음에도 불구하고, 이제 그들은 그들의 마음의 완강함 때문에 그 이념에 따라 다루어질 수 없을 것이며 그러할 만하지도 않을 것이고, 그래서 한낱 영리함의 규칙들에 따라서만 처리하는 한 최상의 권력이 그들을 질서 속에 유지하게 할 것이고 그렇게 할 수밖에 없다는 것 외에는 아무것도 제시될 수 없다. 그러나 이러한 절망의 도약Verzweiflungssprung(**죽음의 도약**salto mortale)은 그 특성 상 일단 법[권리]에 관한 것이 아니라, 단지 권력에 관한 문제인 경우에는 인민이 또한 자기의 권력을 시험해 봐도 되고, 그래서 모든 법칙적인 헌정체제를 불확실하게 만들어도 된다는 것이다. 만약 이성을 통하여 직접적인 존경을 강요하는 (인간의 권리 같은) 어떤 무엇이 없다면, 인간의 자의에 미치는 모든 영향들은 인간의 자유를 제어할 수 없다. 그러나 만일 호의Wohlwollen 옆에서 법[권리]이 큰소리로 말한다면, 인간의 자연[본성]은 그 법[권리]의 목소리가 그 인간적 자연[본성]에 의해 존경스럽지 않게 들릴 정도로 그렇게 무례하게 보이지는 않는다. (**그렇다면 만약 그들이 우연히 경건한 마음과 업적을 통하여 존경할 만한 사람을** 바라볼 때, **그들은 침묵하여 귀를 쫑긋 세운 채 거기 서 있다.***Tum pietate gravem meritisque si forte virum quem Conspexere, silent arrectisque auribus adstant.* **비르길** *Virgil.*)[15]

Ⅲ. 국제법에 있어서
실천에 대한 이론의 관계에 관하여

보편적-인간사랑의, 즉 세계시민적 견지에서 고찰하여*

(모세스 멘델스존Moses Mendelssohn에 반대하여)

전체적으로 인간종은 사랑받을 수 있는가; 또는 그 인간종은 불쾌한 마음으로 바라볼 수밖에 없는 하나의 대상인가, 즉 (인간혐오 Misanthrop가 되지 않기 위하여) 물론 그 인간종에 대해 모든 것이 잘되기를 바라지만, 그러나 결코 그 인간종에게서는 그러한 것이 기대될 수 없는, 따라서 오히려 그 인간종으로부터 눈을 돌릴 수밖에 없는 그러한 대상인가? 이 물음에 대한 답변은 한 다른 물음에 대해 할 대답에 달려 있다: 인간의 자연[본성] 속에는 제거될 수 있는

● ● ●

* 어떻게 하나의 보편적-**인간사랑의** 전제가 하나의 **세계시민적** 헌정체제를 가리키는지, 그리고 어떻게 이 헌정체제가 또다시 우리의 류類를 사랑할 만하게 하는 인간성[인류]의 소질들이 오로지 속하여 전개될 수 있는 상태로서의 **국제법**의 창설을 가리키는지는 즉각적으로 눈에 띄지 않는다.── 이 항목의 결론은 이러한 연관을 제시할 것이다.

소질들이 있는가, 즉 류類Gattung는 언제나 더 좋은[선한] 상태로 진보할 것이고, 현재의 그리고 과거의 시간의 악은 미래의 시간의 선善 속에서 소멸할 것인가? 왜냐하면 우리는 그렇게 류를 최소한 그 류의 선에 대한 지속적인 접근 속에서는 사랑할 수 있지만, 그렇지 않고서 우리는 그 류를 증오하거나 경멸할 수밖에 없을 것이기 때문이다; 보편적 인간사랑으로 치장한 말들이 (그렇다면 그 말들은 기껏해야 단지 호의Wohlwollen의 사랑일 뿐이지, 마음에 듦Wohlgefallen의 사랑은 아닐 것이다) 반대로 무엇을 말하든지 간에 그러할 것이다. 왜냐하면 사람들은 악한 것 그리고 악한 채로 머물러 있는 것, 특히 성스러운 인간권리들을 고의적으로 서로 침해하는 악을 —— 최대로 자신에게 사랑을 강요하는 노력에도 불구하고 —— 증오하길 피할 수 없기 때문이다: 그것은 곧바로 인간에게 유해한 것Übles이란 딱지를 덧붙이기 위한 것은 아니지만, 그럼에도 가능한 한 덜 그 유해한 것과 관계하기 위함이다.

모세스 멘델스존은 이 후자의 견해에 있었는데 (『**예루살렘**』*Jerusalem*,[16] 제2절, 44-47쪽), 그는 그 견해를 자신의 친구 **레씽**Lessing의 인간종에 대한 하나의 신적인 교육에 관한 가설[17]에 대립시킨다. 그 가설은 그에게는 망상이다: 그는 말하길, "전체가, 인류가 이 지상에서 계속되는 시간 속에서 항상 앞으로 진행하고 완전하게 된다는 것.—— 우리는 전체로서 인간종이 작은 흔들림을 일으키는 것을 본다; 그리고 인간종은 곧바로 나중에 두 배의 속력으로 그의 이전 상태로 되미끄러짐 없이는 몇 걸음도 앞으로 내디디지 못했다." (그것은 바로 시지푸스Sisyphus의 돌[18]이다; 그리고 사람들은 이러한 방식으로 인도사람처럼 지상을 오래된, 지금은 더 이상 기억할 수 없는 죄들에 대한 속죄의 장소로 여긴다.)——"인간은 계속해서 나아간다; 그러나 인류는 확립된 제한들 사이에서 끊임없이 위 아래로 흔들린다; 그러나 전체적으로 보아 시간의 모든 시대들 속에는 대략 윤리성의 동일한 수준을, 종교와 비종교, 덕과 악덕, 행복(?)과 불행에 관한 동일한 정도를 유지한다."——이러한 주장을 그는 (46쪽에서) 그가 "너희들은 섭리가 인류에 대해 어떤 의도를 가지고 있는지를 알아맞히고 싶은가? 어떠한 가설도 단조하지 마라"(그는 이것[가설]을 앞서 이론이라고 일컬었었다.)고 말하는 것을 통하여 끌어들인다; "그리고 만약 너희들이 모든 시간의 역사를, 그 전부터 일어난 것을 조망할 수 있다면, 그 실제로 일어나는 것을 단지 둘러보기만 하라. 이것[그 전부터 일어난 것]은 사실Tatsache이다; 이것은 의도에 속한 것일 수밖에 없으며, 지혜의 계획 속에 허락되어 있었거나 적어도 함께 포함되어 있었던 것일 수밖에 없다."

나는 다른 견해에 있다.——만약 악에 대해 꺼림칙해 하면서 그 유혹들과 씨름하고 그럼에도 그것을 이겨내는 어떤 덕 있는 사람을 보여주는 신성神性Gottheit에 걸맞은 광경이 있다면: 나는 그 신성의 광경을 말하고 싶은 것이 아니라, 인간종이 시대 시대마다 덕을 향하여 위로 올라가고, 또한 곧바로 이어서 다시금 악덕과 불행 속으로 깊이 되빠지는 것을 보여주는 그 자체로 가장 평범한, 그러나 심사숙고하는 인간의 최고로 무가치한 광경이 있다는 것이다. 이러한 비극을 바라보는 잠깐 동안은 아마도 마음을 흔들고 교훈적일 수 있다; 그러나 결국에는 장막이 내려질 수밖에 없다. 왜냐하면 그 비극은 오랜 시간에 걸쳐 익살극으로 되기 때문이다; 그리고 비록 행위자들은 그들이 광대들이기 때문에 그 놀이에 곧바로 피로하게 되지 않는다 할지라도, 만일 하나의 또는 다른 행위를 충분히 본 관찰자는 그로부터 근본적으로 결코 끝에 이르지 않는 그 사태가 하나의 영원히 똑같은 놀이라는 것을 추측할 수 있다면, 그는 피로하게 된다. 만약 그것이 한낱 연극이라면, 끝에 뒤따르는 벌은 당연히 결말을 통하여 그 불쾌한 느낌들을 다시금 좋게 만들 수 있다. 그러나 수 없는 악덕, 즉 (비록 그 악덕 사이에 덕들이 함께 들어가 있긴 하지만) 실제에 있어서는 서로의 위에 탑을 쌓게 하는, 그래서 언젠가는 정말 많이 처벌될 수 있는 악덕: 그것은 적어도 우리의 개념들에 따라, 더욱이 어떤 한 지혜로운 세계창시자와 통치자의 도덕성에 위배된다.

인간종은 문명[문화]Kultur과 관련하여 보면 자기의 자연목적으로서 지속적인 진전 속에 있기 때문에, 따라서 나는 인간종이 또한 자기 현존의 도덕적 목적과 관련하여 더 좋은[선한] 상태로 진보함 속에 있는 것으로도 이해될 수 있고, 이러한 진보가 물론 지금까지는 **중단**되었지만, 결코 **단절**되지는 않을 것이라고 가정해도 될 것이다. 나는 이러한 전제를 증명할 필요 없다; 이 전제의 반대자는 증명해야만 한다. 왜냐하면 나는 일련의 증언들의 각 대열 속에서——그 속에 나는 (인간 일반으로서) 존재하고 있지만, 나에게 요구될 수 있는 도덕적 성질과 더불어 내가 그러해야 하는 만큼, 따라서 또한 그러할 수 있을 만큼 선하게 존재하고 있지 않다 할지라도——후손들에게 그들이 점점 더 나아지도록 (따라서 그러한 것에 관하여 또한 가능성이 상정될 수밖에 없도록) 작용할 나의 타고난 의무에 의지하고 있기 때문이다. 그리고 그렇게 이러한 의무는 증언들의 한 대열에서 다른 대열로 당연히 상속될 수 있다는 것이다. 이제

나의 희망들이 증명된다면, 외견상의 헛된 일을 그만두도록 나를 움직일 수 있을 그 희망들에 대한 의심들이 또한 그만큼 더 역사로부터 만들어질지도 모른다: 다만 이러한 것이 완전히 확실하게 만들어질 수 없는 한, 나는 행할 수 없는 것(그것이 한낱 가설이기 때문에, **비유동적인 것**illiquidum으로서)을 목표로 삼아 노력하는 영리함의 규칙들과 (**유동적인 것**[행할 수 있게 하는 것]liquidum으로서) 의무를 바꿔치기 할 수는 없다; 그리고 인간종에게 있어서 더 좋은[선한] 상태를 희망할 수 있는지 어떤지가 나에게 그렇게 언제나 불확실하고, 불확실한 채로 남아 있을지 몰라도, 그렇다고 이러한 것이 준칙을, 따라서 또한 실천적인 견지에서 그것이 행해질 수 있는 것이라는 준칙의 필연적인 전제를 폐지할 수는 없다.

더 좋은 시대에 대한 이러한 희망 없이는 보편적인 안녕[공공의 복지]Wohl에 유익한 어떤 무엇을 행하려는 진지한 욕망Begierde이 결코 인간의 마음을 뜨겁게 하지 못했을 그러한 희망은 또한 언제나 심사숙고하는 사람들의 작업에 영향을 끼쳤다; 그리고 훌륭한 멘델스존도 그가 자신이 속한 민족의 계몽과 복지Wohlfahrt를 위하여 아주 열심히 노력했다면, 그러한 희망을 헤아렸어야만 했다. 왜냐하면 다른 사람들이 그를 따라 동일한 노선 위에서 계속해서 진행하지 않았던 경우에서 그는 스스로 그리고 그 자신에게 있어서 오로지 국가의 계몽과 복지를 야기하는 것을 이성적으로 희망할 수 없었기 때문이다. 자연원인으로 인해 인간종을 억누르는 해악들뿐만 아니라, 인간들이 서로 간에 가하는 해악들의 참담한 광경에서조차도 미래에는 나아질 것이라는 전망을 통하여 마음은 쾌청해진다; 그리고 비록 우리가 이미 오래전에 무덤 속에 들어가 있고, 우리가 일부분 스스로 씨를 뿌린 열매들이 수확되지 않는다 할지라도 비이기적인 호의로 말미암아 그렇다. 희망 위에서 취해진 이러한 결단들에 반하는 경험적 증명근거들은 여기서 아무런 성과도 거두지 못한다. 왜냐하면 지금까지도 성공하지 못한 것과 같은 것이 바로 그 때문에 또한 결코 성공하지 못할 것이라는 것이 어떤 실용주의적이거나 기술적인 의도(예를 들어 기체 정역학적인 기구로 비행하기와 같은 의도)를 포기할 권리를 결코 주지 않기 때문이다; 그런데 그 실현이 단지 실증적으로demonstrativ 불가능하지만 않다면, 의무가 되는 하나의 도덕적 의도는 더욱 더 그렇다. 게다가 전체적으로 인간종이 실제로 우리의 시대에 있어서 모든 지나간 시대들과 비교하여 외견상으로조차도 도덕적으로—더 좋은 상태Moralisch-Besseren로 진전하여 있다는 많은 증명들이 주어질 수 있다(짧게 지속하는 저해들은 그와 반대로 아무것도 증명할 수 없다); 그리고 멈추지 않고 늘어가는 인간종의 무례함에 관하여 울부짖는 소리가 바로 그래서 나오는 것이며, 만일 인간종이 더 높은 도덕성의 단계에 있다면 인간종은 더욱 더 멀리 자기 앞을 바라보고, 존재해야 하는 것과 비교하여 존재하는 것에 대한 그의 판단이, 따라서 우리의 자기질책이 점점 더 엄격해질수록 우리는 우리에게 알려진 세계운행의 전체 속에서 더 많은 윤리성의 단계들을 이미 올라간 것이다.

이제 우리가 어떤 수단을 통하여 더 좋은[선한] 상태를 향한 이러한 영속적인 진보가 유지될 수 있고 또한 더욱 가속될 수 있는가라고 묻는다면: 곧바로 다음의 것이 알려진다. 즉 측정할 수 없이 널리 펴져가는 이러한 성공은 **우리**가 행하는 것(예를 들어 우리가 젊은 세대에 하는 교육Erziehung 같은 것)에, 그리고 그것을 성취하기 위하여 **우리**가 어떤 방법에 따라 처리해야 하는지에 달려 있을 것이라는 것뿐만 아니라; 우리가 스스로 쉽게 순응하지 못할 하나의 궤도에로 우리를 **강요하기** 위하여 인간의 **자연[본성]**이 우리 안에서 그리고 우리와 함께 작동케 하는 것에 달려 있다는 것을 알게 된다. 그렇다면 우리는 인간의 자연[본성]에 의해서, 또는 오히려 (이러한 목적을 완성하기 위하여 최고의 지혜가 요구되기 때문에) **섭리**에 의해서만 하나의 성공을 기대할 수 있으며, 그 성공은 전체에 그리고 그로부터 부분들에로 미치는데, 왜냐하면 반대로 인간들은 그들의 **기획들**을 가지고서 단지 부분들로부터 시작하지만 겨우 그 부분들에 머물러 있고, 인간에게는 물론 너무 큰 것으로서의 전체에로 그들의 이념들[생각들]을 미치게 할 수는 있지만, 그들의 영향을 미치게 할 수는 없기 때문이다: 특히 그들은 그들의 기획들 속에서 서로 꺼려, 자기 자신의 자유로운 의도로 인하여 그 기획들에 대해 합일하기 어려울 것이기 때문이다.

모든 방면에서의 폭력행위와 그로부터 발생하는 곤궁이 결국 한 민족을 이성 자체가 그 민족에게 수단으로서 지시하는 강제에, 말하자면 공공의 법칙에 예속시키고, 하나의 **국[가시]민적인 헌정체제**에 들어가게 하는 결단에로 이끌 수밖에 없는 것처럼: 재차 국가들이 서로를 축소시키려 하거나 예속시키려 하는 끊임없는 전쟁들로 인한 곤궁은 결국 의지에 거슬러서까지 그 국가들을 **세계시민적인** 헌정체제에 들어가도록 할 수밖에 없든지; 또는 (거대한 국가들에 있어서도 여러 번 이루어진 것 같은) 그러한 하나의 보편적 평화의 한 상태가 자유의 다른 한 측면에서, 즉 그 상태가 가장 끔찍한 전제주의를 초래함으로써 더욱 더 위험해진다면, 그럼에도 자유는 이러한 곤궁을 한 통수권자 하에 있는 세계시민적인 공동의 존재는 아니지만 하나의 공동체적으로 합의한 **국제법**에 따른 **연방**Föderation이라는 하나의 법적인 상태에로 강제해야만 한다.

그렇다면 진전하는 국가들의 문명[문화]이 동시에 계략 또는 폭력을 통하여 다른 국가들을 희생시킴으로 자기를 확대하려는 성벽이 늘어나는 것과 더불어 전쟁들을 증가시킬 수밖에 없고, (지속적인 임금지불의 상황에서) 항상 증대되는, 출동준비태세와 규율 속에서 유지되는, 점점 더 수많아지는 전쟁도구들로 무장되는 군대들을 통하여 점점 더 많은 비용들을 야기할 수밖에 없기 때문에; 모든 요구[필요]Bedürfnisse들의 대가들은 그 요구들에 비례하여 증진하는, 그 대가들을 표현하는 금속들에 대한 증식이 희망될 수 없이 지속적으로 늘어가는 동안에; 또한 평화 동안의 저축이 다음 전쟁을 위한 경비로 바로 사용될 것이며, 그것을 위하여 국가부채를 고안하는 것이 물론 하나의 의미 있는 보조수단이긴 하지만, 결국에는 자기 자신을 파멸시키는 보조수단이므로 평화도 그리 오래 지속하지 않기 때문에: 선한 의지가 행했어야 하지만 행하지 않은 것은 결국 무기력을 야기할 수밖에 없다: 즉 각각의 국가는 그 내부에서 전쟁에 의해 (타자의, 즉 인민의 희생으로 전쟁이 수행되기 때문에) 아무런 희생도 치르지 않는 국가통수권자가 아니라, 그 전쟁으로 희생을 치르는 인민이 전쟁을 해야 할지 말아야 할지에 대해 결정하는 목소리[의결권]를 가지도록 조직된다는 것이다(이를 위하여 물론 근원적인 계약이라는 저 이념의 실현이 필연적으로 전제되어야만 한다). 왜냐하면 이것[전쟁 결정]은 한낱 확대의 욕망으로 인해, 또는 소위 한낱 말 그대로 명예훼손 때문에 충분히 인민자신을 통수권자는 해당하지 않는 개인적인 궁핍의 위험에 처하게 할 것이기 때문이다. 그리고 또한 후손은 그렇게 (후손에게는 자신이 짓지 않은 죄과가 전가되지 않도록) 바로 그 후손에 대한 사랑이 아니라, 각 시대의 자기사랑이 그 원인이 되어 항상 더 좋은[선한] 상태에로, 그 자체 도덕적인 의미에서의 더 좋은 상태에로 진보할 수 있을 것이다: 즉 각각의 공동적 존재가 한 다른 공동의 존재를 폭력적으로 손상시킬 수 없도록 스스로를 오로지 정당하게 견지해야만 하고, 마찬가지로 형성된 다른 공동의 존재들도 그 점에서 그 공동의 존재를 도와줄 것이라는 것을 기본적으로 희망할 수 있음으로써 그럴 수 있다.

그렇지만 이것은 단지 견해일 뿐이고 한낱 가설이다: 이것은 전적으로 우리의 권능Gewalt 안에 있지 않은 어떤 한 의도된 결과에 대해 그 결과에 유일하게 적합한 자연원인을 갖다 대고자 하는 모든 판단들처럼 불확실하다; 그리고 더욱이 그러한 것으로서 그 가설은 이미 존속하는 한 국가 안에서 (앞서 보였듯이) 그 자연원인을 강제하는 하나의 신민을 위한 원리가 아니라, 단지 강제 없는 통수권자들만을 위한 원리를 포함한다. 비록 자신의 권능에 의해 자의적으로 그만두는 것이 곧바로 익숙한 질서를 따르는 인간의 자연[본성] 속에 놓여 있지는 않지만, 그것이 그럼에도 급박한 상황들에서는 불가능하지 않다: 그래서 그것[자신의 권능에 의해 자의적으로 그만두는 것]은 인간들의 (그들이 무능력함을 의식할 때의) 도덕적 소망들과 희망들에 대해 부적합하지 않은 하나의 표현으로, 즉 그 소망들과 희망들을 위하여 필요한 상황들을 **섭리**에 의해 기대하는 것으로 간주될 수 있다: 그 섭리는 류類 전체에 있어서의 **인류**Menschheit의 목적에 그 인류의 궁극적인 규정에 다다르기 위하여 그 인류의 힘들이 미치는 한 그 힘들의 자유로운 사용을 통하여 하나의 출구[결말]Ausgang를, 즉 그것을 따로 분리해서 보자면, 그 출구[결말]에서 바로 **인간들**의 목적들이 맞작용하는entgegenwirken 것을 보게 되는 그러한 출구를 마련할 것이다. 왜냐하면 바로 악을 발생케 하는 경향성들 간의 맞작용은 이성에게 그 경향성들을 모조리 예속시키고 자기 자신을 파괴하는 악 대신에 일단 여기 현존하기만 한다면 계속해서 저절로 유지되는 선이 지배하게끔 하는 하나의 자유로운 놀이를 마련하기 때문이다.

* * *

인간의 자연[본성]은 전체 민족들 간의 관계 속에서 외에는 그 어떤 곳에서도 그다지 사랑할 만하게 보이지 않는다. 어떠한 국가도 다른 국가들에 대해 자신의 자립성이나 자신의 소유물 때문에 한순간도 보장되어 있지 않다. 서로 예속시키려 하거나 그의 것을 축소시키려는 의지는 언제나 현전한다; 전쟁보다는 종종 평화를 더 억제하고 내부의 복지를 더 파괴시키는 방어를 위한 무장은 결코 중지되지 않을 것이다. 이제 이에 맞서 각각의 국가가 예속될 수밖에 없는 권세를 수반한 공공의 법칙들에 근거지어진 (개별적인 인간들의 한 시민적인 법, 또는 국가법의 유비에 따른) 하나의 국제법 이외에 어떤 다른 수단도 가능하지 않다;── 왜냐하면 소위 **유럽에서의 힘들의 균형**[19]을 통하여 지속하는 보편적 평화는 완전히 모든 균형의

법칙들에 따라 어떤 한 건축 장인에 의해 건축되었던 **스위프트**Swift
의 집[20]이 참새 한 마리가 앉았을 때 즉시 무너졌었던 것 같은 한낱
하나의 망상일 뿐이기 때문이다.——"그러나 그러한 강제법칙들은
그럼에도 결코 국가들을 예속시키지 못할 것이라고 말해질 것이다;
그리고 하나의 보편적인 국제국가라는 권력 하에서 모든 개별적인
국가들로 하여금 그 국가의 법칙들에 복종케 하기 위하여 자발적으로
순응케 해야 하는 그러한 하나의 보편적 국제국가Völkerstaat를 위한
제안은 **쌩 피에르**St. Pierre 수도원장이나 **루소**Rousseau[21]의 이론 속에
서는 아주 정중하게 들릴지 모르지만, 그 제안은 실천에 있어서 유효
하지 않다; 도대체 얼마나 그 제안이 또한 거물 정치인들에 의해서,
더욱이 국가통수권자들에 의해서 하나의 현학적인-유치한, 즉 학교
에서 나온 생각이라고 비웃음을 샀겠는가."

그렇지만 나는 그와 반대로 나의 입장에서 어떻게 인간들과 국가
들 사이의 관계가 **존재해야 하는지**를 법의 원리로부터 도출하는
이론을, 그리고 지상의 신들에게 그들의 분쟁거리들에 있어서 언제
나 하나의 그러한 보편적 국제국가가 인도되도록 조치하게 해주고,
따라서 그 국제국가를 (**실천에 있어서**in praxi) 가능한 것으로서, 그리
고 그 국제국가가 **존재할 수 있다**고 상정하게 해주는 준칙을 천거하
는 이론을 신뢰한다;—— 그러나 동시에 또한 (**보조적으로**in subsidium)
기꺼이 원하지 않는 곳으로 강제하는 사물의 자연[본성](**운명은 원하
는 자를 인도하며, 반항하는 자를 함께 끌고 간다.**fata volentem ducunt,
nolentem trahunt.)[22]을 신뢰한다. 그렇다면 이 마지막의 것에서는 또
한 인간의 자연[본성]도 함께 고려된다; 나는 이 인간의 자연[본성]
을, 그 자연[본성] 속에는 여전히 법과 의무에 대한 존경이 살아

있기 때문에, 도덕적-실천 이성이 수많은 실패의 시도들 후에 종국에는 악을 이겨내지 못하여 인간의 자연[본성]마저도 사랑할 만한 것으로 현시하지 못할 정도로 악 속에 침몰되어 있는 것으로 간주할 수 없거나, 간주하고 싶지 않다. 따라서 또한 세계시민적으로 고려하여서도 다음의 주장에는 변함이 없다: 이성근거들로 인하여 이론에 있어서 타당한 것은 또한 실천에 있어서도 타당하다.

쾨니히스베르크

I. 칸트

마이너 판 편집자 미주

1) 파울 비티헨Paul Wittichen[1]에 따르면 칸트는 여기서 에드먼드 버크
   Edmund Burke를 생각하는데, 버크는 그의 『프랑스에서의 혁명에 대한
   반성들』*Reflections on the Revolution in France* (런던 1790)에서 결정적으
   로 프랑스 혁명과 국가철학적인 논구들의 실천적인 사용에 반대하였다.
   버크의 『반성들』은 칸트에겐 분명 프리드리히 겐츠Friedrich Gentz의
   번역으로 제시되었다 (『프랑스 혁명에 대한 고찰들』*Betrachtungen über
   die französische Revolution*, 베를린 1793, 1794[제2판]; 1791년에 이미 독
   일어 번역이 빈Wien에서 출간되었었다). 이 판본에서 칸트는 또한, 비티
   헨에 따르면, 베르길Vergil-인용을 끌어올 수 있었는데, 그 베르길-인용
   을 버크는 영국의 혁명 지지자들에 대한 그의 논박에서 다음의 문구에

● ● ●

1. 「칸트와 버크」Kant und Burke: <역사지>*Historische Zeitschrift* 93에 편집 수록, 1904,
   253-255쪽.

이어 인용한다: "항상 준비되어 있는 이 사변적인 머리들의 비난은, 만일 국가들이 그 머리들의 이론들에 따라 세워져 있지 않다면, 가장 끔찍한 전제 폭정에, 혹은 가장 [최근의]생생한 찬탈에 해당하는 것처럼 자선을 베푸는 옛 정부에도 마찬가지로 족히 해당한다. 국가들은 잘못들Mißbräuche을 공략하기 위하여서가 아니라, 단지 지배를 위한 권한과 전권에 대한 문제를 흥정하기 위하여 모든 정부들과의 끊임없는 전쟁 속에 놓여 있다. 나는 그들의 정치적 형이상학의 서투른 정교함에 대해 아무런 할 말이 없다. 그렇지만 아마도 그들은 그것을 가지고 그들의 학교에서 즐거워할 것이다." (제2판, 제1부Erste Abteilung, 78-79쪽)[2]

물론 "버크의 저술이 전체 논문의 본래적인 계기였다" (255쪽)는 비티헨의 추측에 대한 언급할 만한 어떠한 전거도 없다.

2) 베르길Vergil, *Aenëis* I, 140.

3) 크리스티안 가르베,『도덕, 문학 그리고 사회생활의 상이한 대상들에 대한 시론들』*Versuche über verschiedene Gegenstände aus der Moral, der Literatur und dem gesellschaftlichen Leben*, 제1부, 브레슬라우Breslau 1792 (제2부, 브레슬라우 1796) [재인쇄:『모음 작품들』*Gesammelte Werke*에 편집 수록, K. 뵐펠Wölfel 편집, 제1부, 1권, 힐데스하임Hildesheim, 취리히, 뉴욕 1985]. 칸트는 가르베의 검토「인내에 대하여」Über die Geduld(3-111쪽)에 대한 주석의 인용들 (111-116쪽; 81쪽에 대한 주석)을 끌어왔다. 부분적으로 완전히 글자 그대로 인용하지 않은 곳들이 111-114쪽에서 발견된다; 강조들은 칸트에 의한 것이다.

4) 크리스티안 가르베,『의무들에 관한 키케로의 책들에 대한 철학적 주석

● ● ●

2. 겐츠의 번역 초판의 새 간행본은 다음과 같다: 에드먼드 버크/프리드리히 겐츠,『프랑스 혁명에 대하여. 고찰들과 논문들』*Über die französische Revolution. Betrachtungen und Abhandlungen*. 헤르만 클레너Hermann Klenner의 편집과 부록 수록. 베를린 1991, 13-400쪽 (여기에서는: 131쪽).

들과 논문들』*Philosophische Anmerkungen und Abhandlungen zu Cicero's Büchern von den Pflichten*, 브레슬라우 1783 (1784[제2판]) ["개선되고 몇몇의 주석들로 증보된 판본"의 재인쇄, 브레슬라우 1787:『모음 작품들』*Gesammelte Werke*에 편집 수록, 제3부, 10권, 힐데스하임 외 다른 곳 1986]. 가르베는 다음과 같이 적고 있다: "이제 나는 이러한 난점[말하자면, 자연적인 것/본성적인 것Natürlichen으로부터 자발적인 것Freiwillige을 구별하는 덕과 관련하여: 마이너 판 편집자]을 해결할 수 없다. 그 난점은 자유의 항목을 건드리는 모든 것과 마찬가지로 해결될 수 없다; 그리고 나의 가장 마음 속 깊은 확신에 따르면, 그 난점은 우리가 우리의 고유한 본질을, 그리고 전 우주와 우리의 결합 방식을 완전하게 알지 못하는 한, 영원히 해결되지 않은 채로 남아 있을 것이다." (69-70쪽; 제2판에 따라 인용)『직무수행에 관하여』*De officiis*에 대한 가르베의 번역도 마찬가지로 1783년 브레슬라우에서 출간되었다.

5) 이러한 관점을 이미 빌헬름 폰 훔볼트Wilhelm von Humboldt가 <베를린 월보>*Berlinischen Monatsschrift* (19권, 1792년 1월, 84-98쪽)에서의 그의 논설 "새로운 프랑스의 입헌Constitution을 통하여 야기된 국가헌정체제에 대한 생각들"에서 대변하였다: "여기저기에서 이러한 생각[말하자면, 민족Nation의 복지를 촉진하는 수단으로서 세금을 징수하는 방안: 마이너 판 편집자]이 또한 분명 한 제후의 머릿속에도 들어왔고, 그래서 정부가 민족의 행복과 안녕, 즉 물리적 행복과 도덕적 안녕을 위하여 보살펴야만 한다는 원리가 생겨났다. 바로 가장 지독하고 가장 억압적인 전제주의." [『모음 저술들』*Gesammelte Schriften*, 학술원판, 1권, 라이츠만Leitzmann 편집, 베를린 1903, 83쪽; 클레너Klenner 1988 비교: 503쪽.]

6) 키케로Cicero, 『법칙들에 대하여』*de legibus* Ⅲ, 3쪽 비교: Salus populi suprema lex esto.

7) 정당화의 근거들과 양해의 근거들에 관한 문제가 토론되었던 소위 카르

네아데스Karneades[그리스 철학자, 기원전 214/213-129/128: 옮긴이]의 판자를 말한다 [학술원판 칸트전집 VI 비교].

18세기의 광범위한 수용사에 대해서는 요아힘 흐루쉬카Joachim Hruschka [1991]가 정보를 제공한다.

8) 고트프리드 아헨발Gottfried Achenwall (1719-1772), 철학 교수, 나중에 괴팅엔 대학의 법학 교수. 칸트는 아헨발의 저술 『자연법 후서, 강의실 사용에 있어서의 가족법, 공법 그리고 국제법을 포괄하여』*Iuris naturalis pars posterior complectens ius familiae, ius publicum et ius gentium in usum auditorium. Editio quinta emendatior* (괴팅엔 1763)를 자연법 개요에 대한 그의 강의의 기초로 삼았다.

유일하게 우리에게 간직된 학생의 필사본 "파이어아벤트"Feyerabend 는 학술원-판본 칸트전집 XXVII 2, 2(1317-1394쪽)에 인쇄되어 있다. 아헨발의 책은 손으로 적은 메모들, 즉 (종전 이후 실종된) 칸트 소유의 간행본 속에서 발견되는 메모들과 함께 학술원판 XIX 325-442쪽에 인쇄되어 있다.── 칸트에 의해 인용된 문장은 실제로 §§ 203-205에서 발견된다.

9) 1. 스위스의 독일 제국으로부터의 실제적인 분리는 1499년의 슈바벤 Schwaben 전쟁에서 황제 막시밀리안 1세Maximilian I.를 물리침으로써 이루어졌다.──2. 네덜란드 북부의 일곱 지방들이 스페인과 합스부르크 Habsburg 왕가의 수년간의 전투 후 1581년에 관계단절을 선언하였고 통일 네덜란드 공화국을 세웠다.── 3. 1688/1689년의 "명예혁명"Glorious Revolution으로 영국은 하나의 입헌 군주정체로 바뀌었다 (미주 12번 비교).

10) "즐거운 입성". 브라반트Brabant[현재의 벨기에와 네덜란드 일부지역을 포함하던 공국: 옮긴이]의 분할불가능성과 브라반트의 신분들의 특권들이 확정되어 있는 지배권계약. 브라반트와 림부르크Limburg의 공작들은 1356년과 1792년 사이에 그들이 수도 브뤼셀로 들어가기 전에

그 계약을 지킬 것을 맹세해야만 했다. 공작의 위반행위 시 신민들은 그들의 복종의무에서 벗어나게 되어 있었다. 오스트리아의 요제프 2세 Joseph Ⅱ.의 그 계약에 대한 부주의는 1786/87년에 저항에 부딪히게 되었고 브뤼셀의 반란(1789년 12월)에서 절정을 이루었다.

11) 프랑스의 혁명론자 조르주 자크 당통Georges Jacques Danton (1759-1794) 에 대한 지시는 전거될 수 없었다. 마이어Maier [학술원판 Ⅷ 502쪽]는 다음과 같이 적고 있다: "추측컨대 (로베스피에르?와) 혼동한 것 같다. 이러한 혼동이 칸트 자신에게 책임이 있는지, 아니면 이 회상이 연원하 는 신문기사에 그 책임이 있는지는 모른다."

12) 야콥[제임스] 2세Jakob Ⅱ.의 맏딸이며, 개신교도로 머물러 있었던 마리 아[메리]Maria와 그녀의 남편인 오라니엔Oranien[네덜란드 통치왕가의 이름. 원래는 오라니예-나싸우Oranije-Nassau: 옮긴이]의 빌헬름[윌리엄] 3세Wilhelm Ⅲ.의 왕위등극(이중 왕위)을 가리킴. ("명예혁명"의) 빌헬름의 등장과 야콥의 프랑스로의 도피 (그는 앞서 대 인장을 템즈Themse/Thames 에 버렸었다) 후에 새로 소집된 의회 (협정)는 하나의 주권자적인 행위 속에서 스스로를 정규 의회로 선언하였고, 개신교 계승을 확정하였다. 야콥이 그의 주권을 잃어버리게 된 것이 그가 근원적인 계약을 파기했 기 때문인지 (위그당Whigs), 그가 퇴위했기 때문인지 (토리당Tories)에 대한 논쟁이 불붙었었다 ("권리장전"Bill of Rights, 1689 비교).

13) 토마스 홉스Thomas Hobbes (1588-1697)의 저술 『시민에 대하여』De Cive는 1642(또는 1647)년에 출간되었다. 칸트가 일컫는 곳에서는 다음과 같이 말하고 있다: "국가에서 최고 권력의 소유자들은 아무에게도 계약 을 통하여 의무를 지고 있지 않다는 것이 이미 보였고, 그로부터 그 소유자들은 어떤 시민에게도 부당함Unrecht[불법]을 행할 수 없다는 것 이 따라 나온다. 왜냐하면 부당함은 … 단지 계약들에 대한 하나의 위반일 뿐이기 때문이다: 그러므로 그러한 계약이 선행하지 않는 곳에서는 어떠 한 부당함도 발생할 수 없다." [G. 가블릭Gawlick의 판본, 함부르크Hamburg

1966[제2판], 155쪽에 따라 인용.]── 이미 『순수이성비판』(A752/B780)에
서 칸트는 홉스에 대해 자유로운 의견표명에 관하여 이의제기하였다.

14) 히포크라테스Hippokrates, 제1금언Aphorismus.

15) 베르길Vergil, *Aenëis* I, 151-152쪽.

16) 모세스 멘델스존 (1729-1786)의 저술 『예루살렘 또는 종교적 권세와
유대교에 대하여』*Jerusalem oder über religiöse Macht und Judentum*베를
린, 1783 [재인쇄: 『모음 저술들』*Gesammelte Schriften*에 편집 수록, 8권,
유대교에 대한 저술들 Ⅱ, A. 알트만Altmann 편집, 슈투트가르트─바트
칸슈타트Stuttgart-Bad Cannstatt 1983, 99-204쪽; 여기에는: 162-163쪽].
저자에게 보내는 1783년 8월 16일자의 한 편지에서 칸트는 그 저술에
대해 찬사로 언표한다 [학술원판 칸트전집 Ⅹ 344-347쪽, 여기에선: 344
쪽과 347쪽]. 멘델스존에 대한 칸트의 비판의 정당성을 위하여서는 알트
만의 설명들 (341쪽)을 비교.

17) 고트홀드 에프라임 레씽Gotthold Ephraim Lessing (1729-1781)의 『인간
종의 교육』*Die Erziehung des Menschengeschlechts*은 1780년 베를린에서
출간되었다.

18) 전설의 코린트Korinth의 왕은 호머Homer(『오디세이』*Odyssee* XI, 593-
600)에 따르면 그의 범행 등등과 같은 것 때문에, 저승에서 무거운 돌
하나를 어떤 한 산의 꼭대기에로 올리는, 그렇지만 곧바로 다시 굴러
떨어졌던 돌 하나를 끊임없이 올리는 형벌을 받았다 [학술원판 칸트전
집 Ⅶ 82쪽 비교].

19) 실제로 이미 고대의 저자들(대략 폴리비우스Polybius, 『역사』*Historiae*,
83쪽 비교)에게 친숙한, 그 후 16세기 유럽에서 이러한 명칭[힘들의
균형] 하에서 알려진 하나의 정치적 준칙, 이 준칙에 따르면 하나의
(또는 더 많은) 국가(들)의 권세는 그 국가에 대해 (또는 그 국가들에
대해) 나머지 모든 국가들의 통합이 평형을 유지할 수 없을 정도로
커져서는 안 된다. 힘들의 균형의 생산 또는 재생산이라는 구호 하에

대략 스페인의 필립 2세Philipps Ⅱ.와 루트비히[루이] 14세Ludwigs ⅩⅣ. 에 대한 전쟁들이 초래되었다. 18세기에 "힘의 균형"Balance of Power이 라는 이념은 영국의 유럽정책의 원칙이 되었다.

20) 『걸리버의 여행』*Gullivers Reisen* (1726)에서 조나단 스위프트Jonathan Swift (1667-1745)는 그의 주인공들에게 라가도Lagado의 학술원을 방문 케 하는데, 거기에서 스위프트는 지붕으로부터 집들을 짓는 한 회원의 계획으로 잘 알려지게 되었다: "여기에 또한 매우 재치 있는 건축 장인 이 있었는데, 그는 집들을 짓는 하나의 새로운 방법을 제시하였으며, 그 방법에 따르면 사람들은 지붕 위에서부터 시작하여 아래로 진행해야 만 했다고 한다; 그러한 것을 그는 나에게 가장 재치 있고 가장 기술적인 두 곤충들인 꿀벌들과 거미들의 사례들을 통하여 증명하였다." [다음에 따라 인용: 『풍자적이고 진지한 저술들』*Satyrische und ernsthafte Schriften*, 5권, 함부르크와 라이프치히 1761, 265쪽 ("라퓨타Laputa로의 여행", 5 장)]. 이 본문구절을 위하여 학술원판 칸트전집 ⅩⅩⅢ 58쪽 30행과 519쪽 도 비교.

21) 아베 샤를 이레네 카스텔 드 쌩-피에르Abbé Charles Irenée Castel de Saint-Pierre (1658-1743)에게는 분명 그가 두 명의 프랑스 전권 대리인의 비서관으로서 참가하였던 1712/1713년의 우트레히트Utrecht 평화회의 에서 받은 인상 하에서 유럽의 기독교 국가들을 하나의 영속적인 정치 적 평화에 이를 수 있게 하는 하나의 포괄적인 계획을 수립하는 생각이 무르익었다. 1712년 퀼른에서 그의 『유럽에서의 영속적인 평화를 실현 하기 위한 생각』*Mémoire pour rendre la paix perpétuelle en Europe*이 출간 된다; 1713년에는 그의 『유럽에서의 영속적인 평화를 실현하기 위한 기획』*Projet pour rendre la paix perpétuelle en Europe*의 첫 두 권이 공공에 출시된다. 1716년 간행된 제3권은 처음으로 작품의 저자를 언급한다. 경제, 사법司法, 종교적 관용 그리고 다른 문제분야들의 문제들에 대한 설명들로 과적하고 있어서 읽기 힘든 그 작품에서 그는 후에 수용하기

더 좋은 하나의 형태를 제시하려고 시도한다; 1729년과 1738년에 그는 한 부분*Abrégé*씩 출판한다.

쌩 피에르의 작품은 칸트까지 찾게 하고 논박서들과 반–논박서들의 수에서 기록적인 정치에서의 영원한 평화의 가능성을 둘러싼 격렬한 논쟁을 제기하였다. (쌩 피에르와 서신으로 연락하였던) 라이프니츠 Leibniz와 볼테르Voltaire는 가장 중요한 비판가들에 속한다. 쌩 피에르가 프리드리히 2세Friedrich Ⅱ.의 오스트리아에 대한 간섭을 날카롭게 공격하여 그가 그의 잘못을 공개 사죄하는 것이 좋을 것이라고 그에게 요구하였을 때, 프리드리히에게『반–쌩–피에르 또는 아베 쌩 피에르의 정치적 수수께끼에 대한 반박』*Anti-St.-Pierre ou réfutation de l'énigme politique de l'Abbé St. Pierre*이라는 재치 있는 제목을 달고 있는 반대저술의 작성이 유발되었다. 그 저술은 아마도 베를린의 왕립 프로이센 학술원의 비서 장 앙리 사무엘 포르메Jean Henri Samuel Formey에 의해 쓰여졌을 것이다.

1761년 장–자크 루소Jean-Jacques Rousseau는 암스테르담에서 하나의 읽기 쉽고 영향력이 있는 (칸트에게도 알려진)『아베 쌩–피에르 씨의 영속적인 평화의 기획에 대한 발췌』*Extrait de projet de paix perpétuelle de M. l'abbé de Saint-Pierre*를 출판하였으며, 그 발췌문을 그는 그가 비서관으로서 근무하였던 뒤펭Dupin 부인의 요청으로 작성했었다. 그의 진술에 따르면 그는 원문을 자신의 관점들과 제안들로 보완하였다 (『고백들』*Confessions*:『전집』*Œuvres complètes*, 1권, 9책, 407-408쪽 비교). 동시에 생성된, 그러나 상당히 비판적으로 논증하는『영속적인 평화에 대한 판단』*Jugement sur la paix perpétuelle*의 출판을 루소는『발췌』*Extrait*의 효과를 감소시키지 않기 위하여 더 늦은 시기로 미루었다. 이 작업은 사死후에 비로소 그의 작품들의 겐프Genf[제네바] 판본 (1782)으로 출간되었다.

루소는『발췌』*Extrait*에서 하나의 유럽연맹Europäischen Bund을 현실에 불러낸 아베의 생각을 칭찬하고, 개개인들, 주권자 그리고 국가공동체에 있어서 그 연맹의 실현으로 나타나는 모두 8개의 장점들을 언급한다. 그렇다면 무엇이 영원한 평화의 실현을 방해하는가? 루소는 근본적으로 우리가 (또는 주권자들이) 우리 자신의 유익을 인식하고 우리의 운명을 자기 자신의 손으로 취하기 위하여 오로지 이성과 용기만을 필요로 한다고 한다. 그는 다음의 말들을 이어서 한다: "그 모든 것에도 불구하고 이러한 계획이 실행되지 않는다면, 그것은 그 연맹이 망상이기 때문이 아니라 [ce n'est donc pas qu'il soit chimérique], 인간들이 지성이 없기 때문이고 순전히 바보들 가운데에는 현명한 것이 일종의 어리석음을 나타내기 때문이다." [다음에 따라 인용: 『문화비판적이고 정치적인 저술들』*Kulturkritische und politische Schriften*, 2권, 베를린 1989, 7-36쪽 (여기에는: 36쪽); 그 권은 쌩 피에르에 대한 루소의 전체 저술들과 단편들을 포함하고 있다. 7-127쪽 그리고 533-540쪽 (주해들) 비교.]

그와 반대로 『판단』*Jugement*에서 루소는 그 계획이 좋지만, 하나의 연방적인 연맹은 단지 폭력으로만 그리고 허가되지 않은 수단으로만, 즉 혁명들을 통하여서만 실행될 수 있다고 하기 때문에 그 계획의 실행은 결국 무의미하다고 간주한다. 그러나 이러한 혁명들을 통하여 일격에 수세기 동안 방지해 왔던 것보다 더 많은 재앙이 저질러질 수 있다고 한다 (『문화비판적이고 정치적인 저술들』, 38-48쪽, 여기에서는: 48쪽).

만일 우리가 「반성」Reflexion 2116 [학술원판 칸트전집 XVI 241쪽]의 날짜기입을 신뢰해도 된다면, 칸트는 이미 1755/1756년경에 아베 쌩 피에르의 기획을 알고 있었다: "기독교의 규칙들의 시행이 추상적이긴 하지만, 제후에게는 가능하지 않다고 바일레Bayle가 말한다. 그것은 피에르 수도원장의 제안과 관련하여 불가능하였다."

칸트는 프랑스인의 평화기획과 플라톤의 『국가』*Politeia*의 국가모델을 한낱 환상으로 간주하는 그의 동시대인들의 널리 확산된 판단을 나눠 갖지 않는다. 오히려 그의 비판은 쌩 피에르의 평화기획이 너무 정치적인 현실에 대한 추정적인 외부 사건적인 강제들과 요구들에 향하여 있다는 것이다 (학술원판 칸트전집 Ⅷ 24쪽; 「반성」 488, XV 210쪽; 「반성」 921, XV 406쪽; 「반성」 1354, XV 591-592쪽; 「반성」 1485, XV 705-706쪽; 「반성」 1501, XV 790쪽; 「반성」 1524, XV 898쪽; 「반성」 3157, XVI 686쪽 및 특히 플라톤에 대해서는 『순수이성비판』 A316/B372 비교). 안내를 위하여서는 포어랜더Vorländer [1919: 학술원판 칸트전집 IX- XVII], 라우머Raumer [*Ewiger Friede. Friedensrufe und Friedenspläne seit der Renaissance.* Freiburg, München 1953: 127-150쪽], 하쓰너Hassner [Les Concepts de Guerre et de Paix chez Kant: *Revue française de science politique* 11에 편집 수록, 642-670, 1961], 프로이덴베르그Freudenberg [Kants Lehre vom ewigen Frieden und ihre Bedeutung für die Friedensforschung: *Studien zur Friedensforschung* 1권에 편집 수록. G. Picht/H.E. Tödt 편집, Stuttgart 1969: 180-184쪽] 그리고 A. 디체Dietze/W. 디체Dietze [*Ewiger Friede? Dokumente einer deutschen Diskussion um 1800.* Leipzig, Weimar 1989: 36-42쪽] 비교.

22) 세네카Seneca, 『도덕에 대한 편지들』*Epistulae moralis* XVIII, 4.

옮긴이 해제

이 저작의 해제를 위하여 나는 이 저작의 펠릭스 마이너 판 편집자인 하이너 F. 클렘메의 안내[1]와 칸트 전기의 저자 만프레드 퀸[2]을 상당 부분 참고하고, 또 따르고 있다. 특히 이 글에서 증거로 인용제시하고 있는 전거들과 관련해서는 전적으로 이 두 사람에게 빚지고 있다.

● ● ●

1. 임마누엘 칸트Immanuel Kant, 『속설에 대하여』*Über den Gemeinspruch: Das mag in der Theorie richtig sein, taugt aber nicht für die Praxis*: Philosophische Bibliothek Band 443에 편집 수록, 하이너 F. 클렘메Heiner F. Klemme 편집, Hamburg 1992: 편집자 서문; Ⅶ- ⅩⅩⅩⅤ 쪽 비교.
2. 만프레드 퀸Manfred Kühn, 『칸트, 하나의 전기』*Kant, Eine Biographie*, 뮌헨 2007, 432-438쪽 비교.

I. 저술의 계기와 배경

이 저작이 출간되던 1793년 즈음은 여전히 1789년 프랑스에서의 혁명의 소용돌이와 그 후로 이어진 혁명전쟁이 전 유럽을 강타하고 있던 시기였다. 그리고 또한 동시에 정치계에서뿐만 아니라 학계에서도 그 혁명에 대하여 진보 측과 보수 측 간의 이론과 실천에 대한 논쟁이 치열했던 시기이기도 하다. 예를 들어 에드먼드 버크는 그의 『프랑스에서의 혁명에 대한 반성들』*Reflections on the Revolution in France* (런던, 1790)에서 결정적으로 프랑스 혁명과 국가철학적인 논구들의 실천적인 사용에 반대하였다. 이 논문은 프리드리히 겐츠 Friedrich Gentz에 의해 독일어로 번역(『프랑스 혁명애 대한 고찰들』*Betrachtungen über die französische Revolution*, 베를린 1793)되었고, 칸트는 분명 이 번역본을 접했었으며, 그래서 버크의 상론은 칸트의 이 저작의 한 배경으로서 한 역할을 했었을 것이다.[3]

그리고 1790년 6월 <베를린 월보>에 수록된 프랑스 인권선언을 둘러싼 (요한 에리히 비스터Johann Erich Biester도 가담한) 토론[4]에 칼 폰 클라우어Karl von Clauer가 참여하였었는데, 독일에서 진보적

• • •

3. 이 저작 『속설에 대하여』가 에드먼드 버크Edmund Burke의 한 저술을 통하여 유발되었다는 파울 비티헨Paul Wittichen[1904]에 의해 대표되는 관점에 대해서는 본서의 마이너 판 편집자 미주 1번 비교.

4. 칼 폰 클라우어Karl von Clauer, 「새로운 프랑스 입헌의 근거로서 인류의 권리에 대하여」Über das Recht der Menschheit, als den Grund der neun Französischen Konstitution: 페터 베버Peter Weber (편집), 『<베를린 월보>(1783-1796) … 선정』에 편집 수록, Leipzig 1986, [이하 베버 1986으로 표기]: 209-213쪽.

사상가들 중 한 사람이며 칸트주의자인 그는 비스터에 맞서서 칸트를 끌어들여 인권(그리고 더불어 프랑스 혁명)을 유일하게 합법적인 국가헌정체제의 토대로서 변호하였고, 또한 칸트의 이론으로부터 혁명에 대한 권리가 도출될 수 있다고 대변했었다: "물론 나는 형이상학자가 아니다; 왜냐하면 나는 물론 내가 추상적인 많은 시간에 진념할 수 있었겠지만, 내 생애 속에서 너무 많이 구체적인 세계에 사로잡혀 있을 수밖에 없었기 때문이다. 그러나 내가 아는 가장 고상하게 사유하는 그리고 가장 위대한 사변 철학자 칸트는 나를 다음과 같이 가르쳤다: 우리가 진리의 실존에 관하여 확신하기 위하여서는 언제나 하나의 수학적인 증명이 필요한 것이 아니라, 우리의 이성과 그에 기인하는, 즉 어떤 무엇을 그렇다고 하며 다른 것이 아니라고 간주하는 도덕 감정의 욕구Bedürfnis가 필요하다는 것이다. 그것[도덕 감정의 욕구]이 한 최종 원인의 실존과 관계 맺는 것과 마찬가지로 내가 생각하기에 그것은 인류Menschheit의 권리와 관계 맺는다."5

다른 한편으로 독일에서의 보수적인 사상가들 중 한 명인 수학자 아브라함 고트헬프 캐스트너Abraham Gotthelf Kästner는 국가철학 또는 법철학적인 이론과 실천적 정치의 괴리를 신랄한 말로 비판하였다: "독일 작가들이 더 많이 그들의 조국의 상태를 흔들고자 했고,

● ● ●

5. 칼 폰 클라우어Karl von Clauer, 「9월 작문의 속편으로서 인류의 권리에 대한 또 하나의 기고」Noch ein Beitrag über das Recht der Menschheit, als Aufsatzes September (1790년 11월): 베버 1986에 편집 수록, 220-227쪽, 여기에는 222쪽; 토론에 대해서는 베버의 안내[399-400쪽] 비교.—클라우어는 1791년 프랑스 혁명에 참여하기 위하여 스트라스부르크Straßburg로 갔다; 그는 1793년 감옥에서 사망하였다.

그러한 상태가 그들에게 확고하길 원했다. 많은 사람들이 그것을 또한 나쁘게 여기지 않았으며, 그들은 그저 시간을 보냈고, 그것이 유행이 된 후에는 교육학, 계몽, 비판 철학, 인권을 기술하였다; 그것이 풍자였었던 디오게네스와는 완전히 다르게 그저 빈 통들만을 굴렸고, 그렇게 그들은 진지한 무엇을 행한다고 믿었다."6 이 비판이 칸트를 향하고 있음은 의심할 필요가 없다. 그리고 또한 비스터도 1793년 6월 <베를린 월보>의 한 작문에서: "너의 정신이 결함 없는 국가헌정체제에 대한 계획을 기획할 수 있다면, 보다 더 높은 하나의 이성은 이 계획은 실행될 수 없다고 너를 가르칠 것이다."7라고 하며 진보적 국가 및 법철학적 이론의 무용성을 비난하였다.

마찬가지로 보수주의적 사상가인 아우구스트 빌헬름 레베르크 August Wilhelm Rehberg도 그의 한 작문에서 프랑스 혁명과 관련하여 당시의 유명한 형이상학자로서 칸트를 겨냥하여 다음과 같이 비난하였다: "형이상학은 프랑스 왕정체Monarchie를 파괴하였고 전혀 들어보지 못한 하나의 혁명을 성취시켰다."8 이에 대해 칸트는

• • •

6. 『격분을 일으키는 작가들의 무능력에 대한 생각들』Gedanken über das Unvermögen der Schriftsteller Empörungen zu bewirken 1793, 24-25쪽 [18-19, 22쪽도 비교]. 디터 헨리히는 『속설에 대하여』의 저술계기가 캐스트너의 이러한 비판이었다고 생각하고, 버크를 그 계기에서는 제외시키고자 한다: 디터 헨리히Dieter Henrich 편집, 『칸트, 겐츠, 레베르크: 이론과 실천에 대하여』, 프랑크푸르트 암 마인: 주어캄프 Suhrkamp, 1967, "서문" 참조.

7. 「국가헌정체제에 대한 그리스인들의 생각들에 관한 몇 가지 소식들」Einige Nachrichten von den Ideen der Griechen über Staatsverfassung, 베버, 1986 [278-287쪽] 에 편집 수록: 보다 더 넓은 의미에서 볼 때 이론과 실천의 관계에 대한 속설은 우물에 빠진 밀레토스의 철학자에 대한 트라키아 출신 하녀의 웃음처럼 아주 오래된 것이기도 하다.

『속설에 대하여』에 대한 사전작업에서 다음과 같이 말한다: "나는 형이상학이 국가혁명에 대한 원인이라는 전에는 들어보지도 못한 형이상학에 대한 새삼스러운 고발을 통하여 형이상학에 너무 많이 부당한 명예 또는 너무 많이 무고하고 사악한 뒷이야기를 짊어지우게 된다고 판단해야 할 것 같다; 왜냐하면 그것은 이미 오래전부터 현학적인 것으로서의 형이상학을 학교로 돌려보내는 실무자들의 원칙이기 때문이다."[학술원판 칸트전집 XXIII 127: 이하 학술원판 칸트전집의 인용은 로마숫자와 쪽수로만 표기] 엡슈타인Epstein에 따르면 레베르크와 프리드리히 겐츠는 "개혁보수주의자"로 명명된다. 그들은 당시의 정치적 현 상태에 만족스러워 하지 않았지만, 그럼에도 불구하고 둘 다 프랑스 혁명에는 반대했었으며, 더욱이 그 둘은 칸트의 낙관주의가 하나의 오류라고 생각했었고, 그들의 관점에서 보아 이론은 결코 실천을 위해서 충분할 수 없다고 한다.[9]

이렇게 당시의 지식인 사회는 가장 현행적인 주제로서 1789년의 인권과 시민권 선언, 그리고 자유, 평등, 형제애라는 표어와 더불어 이론과 실천에 대한 논쟁을 가열시켰고, 칸트에게서 프랑스 혁명에 대한 그의 입장과 관련하여 해명하는 말을 기다렸었다. 그렇지만 누구보다도 칸트 스스로 자신의 입장을 명백히 할 필요를 느꼈을

• • •

8. 레베르크, 『프랑스 혁명에 대한 연구들…』*Untersuchungen über die französiche Revolution* …, Hannover und Osnabrück 1793; 츠비 바차Zwi Batscha 편집, 『칸트의 법철학을 위한 자료들』*Materialien zu Kants Rechtsphilosophie*, 프랑크푸르트 암 마인 1976의 편집자 서문, 21쪽에 따라 인용. 34쪽도 비교.

9. 클라우스 엡슈타인Klaus Epstein, 『독일에서의 보수주의의 근원들』*Die Ursprünge des Konservatismus in Deutschland*, 프랑크푸르트 암 마인 1973, 633-687쪽.

것이다. 왜냐하면 클라우어 같은 칸트의 지지자들조차도 칸트의 이론이 혁명에 대해 무엇을 말하는지에 대한 물음과 관련하여 상이한 방향으로 그들의 관점을 전개시켰기 때문이다.

이러한 상황과 관련하여 1793년 3월에 베를린의 서적상이며 출판가인 요한 칼 필립 슈페너Johann Carl Philipp Spener가 칸트에게 1784년 출판된 작문 『세계시민적인 견지에서의 하나의 보편적 역사를 위한 이념』 *Idee zu einer allgemeinen Geschichte in weltbürgerlicher Absicht*을 새로 편집하여 "현재의 시대상황에 맞춘 추가들"과 더불어 증보하자는 제안을 했을 때, 그는 곧바로 거절하였다: "만일 세계의 강자들이 신들이나 무페트Mufette[옮긴이: 뮈제트Musette, 18세기에 특히 프랑스의 궁정에서 유행했던 주머니피리 — 백파이프의 일종 — 에 대한 오기로 추정됨]의 입김에 의하여 생길지도 모르는 도취의 상태에 있다면, 자신의 피부를 소중히 여기는 피그미인에겐 당연히 그 강자들의 싸움에 끼어들지 말라고 권고될 것인데, 그것도 또한 가장 완곡하고 가장 공손한 설득을 통하여 이루어질 것이다; 왜냐하면 그 피그미인은 도대체 이 강자들로부터 전혀 아무것도 듣지 못하기 때문이며, 듣는다 해도 전달자인 다른 사람들에 의해 곡해될지도 모르기 때문이다."[XI 417] 칸트가 가리키는 싸움은 오스트리아와 프로이센이 혁명의 프랑스에 대해 치렀던 동맹전쟁[프랑스 측에선 혁명전쟁]을 말한다. 만약 그 『이념』의 신판이 출간되었다면, 그 저작은 아마도 동시대의 독자들에게 프랑스 혁명에 대한 하나의 글로벌한 역사철학적 정당화로 작용했을 것이며, 특히 많은 혁명의 동조자들에게서조차도 혐오와 경악을 유발했었던 그해 1월의 루이 16세의 처형의 정당화로도 작용했을 것이다. 왜냐하면 그

『이념』에 따르면 혁명들을 통하여 시민적 헌정체제라는 "뒤따르는 하나의 더 높은 개선의 단계"[VIII 30]가 도달되었고, 또 도달되기 때문이다. 슈페너도 이 점을 의도하여 재간행을 제안했던 것이다. 그러므로 추정적인 자코뱅파인 칸트[10]는 정치적 여건들이라는 이유들 때문이 아니라, 현행적인 정치적 상황이 그의 작문에서 전개한 사고과정들에 대한 정교한 판정에 불리할 수 있을지도 모른다고 두려워했기 때문에 거절한 것이다.

그런데 이미 1792년 7월 30일에[XI 350] 칸트는 <베를린 월보> *Berlinischen Monatsschrift*의 편집자인 요한 에리히 비스터Johann Erich Biester에게 베를린 검열관청의 인쇄허가가 거부되었던 한 종교철학적 작문[11]에 대한 대체물로서 "순전히 도덕철학적인" 한 논문을 예고하는데, 그 논문에서 그는 브레슬라우의 대중철학자 크리스티안 가르베가 직전에 출판한 한 저술에서 그의 도덕철학에 대해 행한 비판에 답변하고자 했다. 그 논문은 예고된 형태로는 결코 출간되지 않았다. 칸트는 그 논문을 우리에겐 알려지지 않은 이유로 인해 국가법과 국제법의 주제들로 확장하고[12] 그것을 1793년 9월 비스터

● ● ●

10. 이에 대해서 알랭 루이즈Alain Ruiz, 「자코뱅파의 모자를 쓴 쾨니히스베르크 사람의 방식 또는 프랑스인들의 첫 번째 칸트-상」Der Königsberger Weise mit der Jakobinermütze oder Das erste Kant-Bild der Franzosen. In: *Deutsche Zeitschrift für Philosophie* 37권, 637-646쪽 1989 참조.

11. 그 작문("인간에 대한 지배를 둘러싼 선한 원리와 악한 원리의 투쟁에 관하여"Von dem Kampf des guten Prinzips mit dem bösen um die Herrschaft über den Menschen)은 당시 『한낱 이성의 한계 내에서의 종교』에 이어 1793년의 두 번째 종교저술로서 기획되었었다.

12. 클렘메에 따르면 아마도 그 논문의 확장은 앞서 언급한 아우구스트 빌헬름 레베르크August Wilhelm Rehberg가 제기한 비난과 연관이 있을 것이라고 한다.

가 담당하던 시기에 『속설에 대하여: 그것은 이론에서는 옳을지 모르지만, 실천에 대해서는 쓸모없다』*Über den Gemeinspruch: Das mag in der Theorie richtig sein, taugt aber nicht für die Praxis*라는 제목으로 출간시켰다. 이 작문은 프랑스에서의 사건들과의 직접적인 연관 속에 있는 것처럼 보이며, 적어도 수많은 그의 독자들에 의해 다음과 같이 이해되었다: 국가권력에 대한 저항은 어떠한 경우 하에서도 허용되어 있지 않다.[본서 48, 49쪽 비교] 그래서 비스터는 다음과 같이 안도하는 모습을 보여준다: "아주 솔직히 말씀드리자면, 그것[『속설에 대하여』]은 나에게 다음의 이유 때문에 더더욱 마음에 들었습니다. 왜냐하면 그것이 나에게 (처음에는 나에게 황당무계한) 냄새, 즉 당신이 나에겐 항상 구역질나는 프랑스 혁명에 대해 매우 호의적으로 설명하고 있다는 냄새를 부정하는 것처럼 보이기 때문입니다."[XI 456]

그렇지만 앞의 클라우어뿐만 아니라 비스터의 판단도 칸트의 정치 이론의 실체를 놓치고 있다. 비스터는 혁명의 금지가 옛 부르봉가-지배권을 다시금 끌어들이고자 하는 복원의 의도를 가진 사람들에게도 해당한다는 것[『영원한 평화를 위하여』, 도서출판 b, 2011, 62-65, 80-81쪽 비교: 이하 『평화』와 쪽수로 표기]을 보지 못했다. 클라우어가 오인하여 상정했던 것처럼 칸트의 법철학은 반란과 혁명의 권리[법]를 어떠한 경우에도 인정할 수 없다. 이렇게 칸트는 『속설에 대하여』에서 일상정치에서의 공공연한 관심을 보여주지 않는다. 오히려 원칙적인 의미에 관한 문제점을 언급하는, 즉 실천 철학의 영역에서의 이론과 실천의 관계의 문제점을, 그리고 법의 진보라는 관점 하에서 『영원한 평화를 위하여』(1795)에서 다시금 수용되는 문제점을 언급하는 하나의 작문을 제출한 것이다. 따라서 만일 사람들이 이러한 복합적인 문제들과 관련되어 있는 이 저작이 단 하나의 문제나 계기를 통하여 유발된 것이라고 생각한다면, 그것은 분명 오류이다. 칸트는 위의 언급한 문제들과 비판들 모두에 관심을 가졌음이 분명하다.

그러므로 칸트로 하여금 1793년과 1795년을 하나의 관계 속에 놓게 하는 그 속설의 논리는 이론이 자신의 맨주먹으로 이성적인 행위의 규범들을 지시하는 곳에서는 실천적인 것의 한 이론이 필연적으로 좌초할 수밖에 없다고 진단하는 것이다. 동일한 맥락으로 루소가 『고백들』*Confessions*에서 프리드리히 2세를 바라보며 "그는 철학자처럼 생각하고, 왕처럼 행동한다.Il pense en philosophe, et se conduit en Roi."[13]라고 말한다면, 이론화하는 철학자와 행위하는 왕, 즉 『반마키아벨리』*Antimachiavell*(1739)의 저자이고 슐레지엔Schlesien의 정복자(1740)인 왕이 서로 화해될 수 없이 맞서 있다는 것을 의미하고 있는 것이다. 그리고 이러한 불화 속에서 플라톤적인 철학자왕의 전통 속에 있는 한 이상적 국가에 대한 기획도 좌초할 수밖에 없다는 것이다.

이른바 이러한 좌초로부터의 귀결은 조건관계의 전환이다. 즉 이론이 실천에 규범들을 지시하는 것이 아니라, 실천 자체가 이론이 고수해야만 하는 지침들을 제공해야 한다는 것이다. 이러한 사고는 칸트에 대한 가르베의 비판에 근거로 놓여 있는 것이고, 칸트가 언급

• • •

13. 루소J.-J. Rousseau, 전집Œuvres Complètes, 1권 (Les Confessions), B. Gagnebin & M. Raymond 편집, Paris 1959, 592쪽.

하는 법률가들의 이데올로기적인 장비이다.[『평화』 64-66쪽 비교]
그렇다면 캐스트너의 비난처럼 칸트의 비판철학은 그저 빈 통들만
을 굴리는 것인가?

II. 『속설에 대하여』에 대하여

이 저작은 앞에서 언급했듯이 순전히 도덕철학적인 저술은 아니
다. 칸트는 언론자유의 문제, 혁명에 대한 권리, 전쟁수행을 위한
권리, 평화의 유지 그리고 통치 일반의 본질과 권위를 다룬다. 이
논문은 정치적 토론을 위한 글로써, 그 토론의 전개는 지상의 권력자
들에겐 가급적 보지 않는 게 좋은 불편한 것일 수 있다.

이 작문은 세 부분으로 이루어져 있다. 첫 번째에서 칸트는 도덕적
이론과 도덕적 실천 사이의 관계를 다룬다. 그는 그보다 더 보수적이
었던 가르베의 반론들에 대한 대답을 기술한다. 두 번째 부분은 국가
법에서의 이론과 실천의 관계를 논구하는 것이며, 명목상 홉스에
대해 반박하는 것이다. 마지막 부분은 국제법에서의 이론과 실천의
관계를 다룬다. 칸트는 여기서 "세계시민적" 견지를 전개하는데,
그 견지는 멘델스존을 정정하기 위한 것이다. 이러한 분류는 세 가지
관점들을 표현하는데, 한 사람이 세계에 대해 취할 수 있는 관점으로
서: 1) 한 사인 또는 개인과 실무자로서(도덕), 2) 한 정치인[국가인]
으로서(정치), 3) 한 세계인으로서(세계시민적 고찰)의 관점들이다.
여기서 도덕은 개별자의 안녕과, 정치는 국가들의 안녕과 관계하고,
세계시민적인 관점 하에서는 더 나은 상태로의 인간류의 진보와

안녕이 주제화된다. 이러한 제목들과 더불어 이 저술의 상론의 과제와 목표는 언급된 영역들에 있어서 위에서 뒤바꾼 조건관계를 다시 뒤집어 이론, 즉 의무개념의 필연적인 선행성에 대한 그 개념 자체의 내부적 증명이어야만 한다.

1. 첫 번째 절은 가르베가 칸트의 도덕철학과의 논쟁적 대결에서 처하게 된 오해들을 제거하는 것으로 시작한다. 가르베의 첫 번째 반론은 칸트에 따르면 도덕적으로 행위하기 위하여 우리는 우리의 행복추구를 포기해야만 하는데, 그러나 이것은 인간의 자연[본성]에 배치된다고 주장한다. 따라서 칸트의 도덕원리는 행복을 사상[도외시]하는 것이고, 그래서 필연적으로 환영적일 수밖에 없다고 비판한다. 칸트에 의하면 이러한 비판의 근본적인 오해는 한편으로 도덕성의 결정원리, 즉 정언적 명령kategorischen Imperativ(이것은 동시에 우리 의지의 동기 또는 동인이기도 하다)과 다른 한편으로 의지의 필연적인 실질적 객체[대상] 또는 목적 사이에 대한 칸트의 구별을 혼동하는 데에 있다. 의지의 동기 또는 동인과 그 의지의 객체 양자는 우리의 의지규정의 필연적인 구성성분들이다. 여기서 동인으로서 행복은 행복을 얻을 만한 가치있음으로부터 구별된다. 그래서 행복은 바로 가르베가 원하는 것처럼 우리 의지의 동기가 아니며, 오히려 우리의 의지의 객체, 즉 최고선에서 자기의 장소를 발견한다. 만약 우리가 덕스럽다면, 우리는 행복할 만한 가치가 있게 된다. 그러므로 행복은 도덕성의 전제가 아니라 어느 정도는 도덕성의 한 귀결이다. 따라서 칸트는 행복을 포기하라고 강요하지도 않았고, 또 인간이 그렇게 할 수도 없다고 한다.

그렇지만 이미 『실천이성비판』[V 114; 백종현 옮김, 『실천이성비판』, 아카넷, 244-245쪽]에서 최고선의 순전한 이상성, 즉 도덕원리와 결합되어 행복의 상태를 보장하는 희망은 제2『비판』의 독해에 따라서는 유의미한 방식으로 물어질 수 없다. 왜냐하면 최고선의 의미론은 피안의 세계를 가리키기 때문이다. 그렇다면 칸트의 도덕원리는 나에게 행복을 포기하라고 강요하진 않지만, 오히려 행복을 얻을 만한 가치가 있는 불행을 각오하라는 명령으로 들린다. 하지만 칸트에 따르면 도덕원리를 따르는 사람에게 불행은 없다. 왜냐하면 그에게 불행은 비행 또는 비도덕적 행위의 결과로서의 고통의 상태만을 의미하기 때문이다.[본서 21, 22쪽 각주 참조] 칸트는 여기서 그만두지 않고 더 나아가 그의 낙관주의적 진보의 관점을 가동시킨다. 즉 클렘메의 주장에 따르면 칸트는 『속설』의 둘째 절의 논구 속에 도입하는 법이론을 위한 결정적인 한 계기를 첫째 절[본서 16쪽 각주]에서 최고선을 사안에 따라 최고의 정치적 선으로 주제화하고 그와 더불어 정치적 주체들로서 우리의 행위가 무의미하다거나 부조리하다는 것을 배제하는 방식으로 특수화함으로써 마련한다고 생각한다.

칸트는 우리가 의무가 되는 하나의 요구, 즉 우리의 협력을 통하여서도 가능한 최고선을 "세계 내에서의" 목적 그 자체로 받아들이라는 요구, "도덕적 동인들의 결핍으로 인한 것이 아니라, […] 대외적인 관계들의 결핍으로 인한" 요구를 갖는다고 설명한다.[본서 16쪽 각주] 그리고 이어서 "이러한 요구는 하나의 특수한 종류의 의지규정, 이를테면 거기에 근거로 놓이는 모든 목적들의 전체라는 이념을 통한 의지규정이다: **만약** 우리가 세계 내에서의 사물들에 대해 어떤 도덕적인 관계들 속에 있다면, 이것은 우리가 모든 면에서 도덕법칙에 순종해야만 한다는 것이고, 그 도덕법칙에 대해 모든 능력에 따라 하나의 그러한 관계(윤리적인 최고의 목적들에 부합하는 하나의 세계)가 실존하도록 야기하는 의무가 부가된다는 것이다. 여기서 인간은 신성神性Gottheit과의 유비에 따라 생각되는데, 그 신성은 […] 자기 자신 속에 폐쇄되어 있을 것이라고 생각될 수 없고, 오히려 그 자체로 그 신성의 완전무결Allgenugsamkeit의 의식을 통하여 최고선을 자기 밖에 산출하도록 규정되어 있다"[본서 16쪽 각주]고 설명한다.

우리의 도덕적인 의지의 기준은 정언적 명령이지만, 우리의 의지는 필연적으로 또한 하나의 목적을 필요로 한다. 그것은 최고선이며, "순수한 이성의 이상"[본서 16쪽]으로서 이 최고선 속에서 덕과 행복이 통일되어 있고, 그러한 한에서 그 최고선은 우리의 희망함의 한 대상이다. 이렇게 최고선에 대한 희망과 유의미함은 지상에서의 우리 개인의 욕구와 행복을 촉진시키는 것이 아니라, 클렘메의 주장처럼 그 최고선을 최고의 정치적 선으로 특수화할 때 가능하다. 이것은 바로 이 저작의 둘째 절과 셋째 절, 1795년의 평화론 그리고 1797년의 「법론」[『윤리의 형이상학』의 제1부]에서 계속해서 주제화되는 것이다. 최고의 정치적 선으로서 영원한 평화와 인류의 도덕적 진보는 구체적으로 우리가 세계 내의 공법적인 조건들 하에서, 즉 각자의 자유가 법칙과 권력을 통하여 보장되는 하나의 시민적인 헌정체제 하에서 그 선을 위하여 스스로 의무를 지고 그 의무에 따르는 우리의 노력에서 실현될 수 있는데, 바로 이 때, 칸트에 의하면, 목적론적인 기술자로서의 자연과 우리가 조우한다. 이러한 자연은 법적으로 명령된 것의 궤도에로 우리를 강요하므로, 그 최고선의 실현과 인간류의 진보를 가능한 것의 영역으로 옮겨놓는 칸트적 진보낙관주의의 본질적인 작용요소이다. 그 자연은 인간이 해야 하는 것을 원한다. 이러한 통찰은 매우 중요하다. 왜냐하면 그렇지 않고서 덕과 행복이 통일되어 있는 최고선은 한낱 키메라적인 개념일 뿐이기 때문이다. 그래서 우리의 희망은 공허한 망상이 아니라, 근거지어진 희망이라고 칸트는 대변한다.

그렇다면 이 절의 본래적인 주제인 도덕 일반에 있어서의 이론과 실천의 문제점은 어디에 놓여 있는가?

이 문제에 있어서 가르베의 근본적인 반론은 우리가 단지 의무로 인하여 또는 이기적인 이유들로 인하여 행위를 했는지를 실제로는 결코 알 수 없다는 것이다. 칸트의 도덕성 개념을 위한 그 구별은 근본을 이루는 의미를 지니기 때문에, 이것은 아주 진지한 비판이었다. 그렇다면 칸트의 이론은 그 도덕원리의 실재성이 증명될 수 없기 때문에 좌초되는가? 칸트는 우선 가르베의 비판점을 부분적으로 인정한다. 당연히 어떤 동기들을 우리가 따르고 있는지를 아는 것은 가능하지 않다. 또한 어떻게 정언적 명령 그 자체가 가능한지도 보일 수 없다. 그렇지만 만약 그 정언적 명령이 언제나 우리의 일상적인 도덕의식에 근거로 놓여 있고 우리의 의지를 규정한다는 것을 보여줄 수 있다면, 그것으로 충분할 것이다. 그래서 칸트는 의무개념이 "행복으로부터 가져온 각각의 동기보다도 더 단순하며, 더 명료하며, 실천적인 사용을 위하여 […] 더 잘 이해될 수 있고 더 자연스럽"다[본서 26쪽, 비교 28쪽]는 것을 이론의 여지없는 도덕적 의식의 한 사실로서 제출한다.

칸트의 의무개념에 대한 도덕적 의식의 사실성은 경험적 심리학과 관계하는 것이 아니라, 한 인간의 마음가짐과, 그 인간의 내적인 정직함과 관계하는 것이다. 비록 올바른 근거와 이유로부터 정당한 것을 행하려는 우리의 노력함이 심리학적 문제들과 무관하지 않다 할지라도, 그러한 노력함이 또한 그럼에도 불구하고 단순히 그러한 문제들로 환원될 수는 없다는 것이다.

그러나 하나의 도덕적 이론이 한낱 하나의 의식, 즉 하나의 도덕적인 마음가짐에 머물러 있는 한에서, 그 윤리학은 한갓된 이상성이라는 비난에 제대로 노출되어 있지 않은가? 도덕적 실천의 한 이론은, 만일 이 실천이 한낱 생각된, 단지 의도된 실천, 즉 마음가짐 또는 의식의 한 실천이라면, 어떤 실천적 연관성을 갖는가? 칸트의 대답은 이렇다. 행복에 기인하는 준칙들은 알다시피 정식화하기 어려울 뿐만 아니라 준수하기도 어렵다. 그럼에도 불구하고 지금까지의 도덕적 교육은 그러한 방식의 준칙들을 "교육과 설교의 원칙으로 삼아"[본서 29쪽]왔다는 것이다. 그래서 칸트는 이러한 것이 도덕적 진보에 걸림돌이 되는 요인이라는 것, 그리고 그것은 도덕적 이론이 실천에 있어서 아무런 쓸모가 없을 수 있다는 속설을 증명하지 않는다는 견해를 표명한다. 만약 사적인 그리고 공적인 가르침에 있어서 의무의 이념에 주의가 기울여진다면, 그 결과는 저절로 이루어질 것이다. 인간의 생의 경험들은 의무개념의 지침들에 의해서 이러한 결과의 부담을 덜게 하는 것이 아니라, 어떻게 그 지침은 "그 이론의 지침이 자신의 원칙들로 받아들여졌을 때, […] 더 낫게 그리고 더 보편적으로 작동될 수 있는지"를 경우에 따라 배우도록 기여한다. "그러나 여기에서는 어떤 실용주의적인 수완[능숙함]이 아니라, 단지 후자[이론의 지침을 자신의 원칙으로 삼는 것]에 관하여 이야기하는 것이다."[본서 30쪽] 실천적인 것의 이론으로서 칸트의 도덕철학은 그 이론의 구체적인 매개조건들의 문제로서 "실용주의적인 수완[능숙함]"을 실용주의적 인간학과 교육학에 위임하고 있다.

2. 명목상 홉스를 향하고 있는 두 번째 절의 논의는 국가법에서의 이론과 실천의 관계가 다루어진다.

칸트는 첫째 절에서 언급했던 최고선에 대한 유의미한 논의, 즉 그 실천적 실재성에 대한 논의를 이 절에서 시작한다. 모든 사회계약들 가운데 시민적 헌정체제를 건립하는 시민연합계약은 근원적인 계약이라 일컬어지는 사회계약으로서 한 사회의 구성원들 각자의 것(권리)이 규정될 수 있고, 그것을 또한 모든 타자의 간섭에 대해 보장할 수 있는 강제법칙들 하에 들어가게 하는 것이다. 그것은 그 자체로 시민사회를 위하여 무조건적인 제1의 의무이고, 나머지 모든 내외적인 의무들의 최상의 형식적 조건으로서의 당위적인 목적이다. 여기서 법개념은 실제적인 국가설립과 같은 경험적인 목적 실현을 위한 숙고로부터 나오지 않고, 이성명령으로서 대외적인 자유개념으로부터 나타난다: "**법**[권리]은 각각의 한 사람의 자유를 모든 사람의 자유와 합치하는 조건에 제한하는 것이며, 그러한 한에서 이 모든 사람의 자유가 하나의 보편적 법칙에 따라 가능하다; 그리고 **공법**은 하나의 그러한 전반적인 합치를 가능하게 하는 **대외적인 법칙들**의 총괄개념이다."[본서 32쪽] 이때 강제법칙들 하에서의 "**자유로운** 인간들의 한 관계"[본서 32쪽]로서 시민적인 헌정체제의 문제는 어떻게 자유, 법(법칙) 그리고 권력[14]이 통일될 수 있는가의 문제이다.

시민적 사회는 자유, 평등 그리고 자립성[15]이라는 세 개의 선험적인 대외적 법의 원리들에 기인한다.

1) 여기서 자유개념은 하나의 국가개념에 대립하여 있는데, 그 국가개념에 따르면 주권자에게는 그의 시민들을 그가 지시한 방식으로 그들의 행복을 추구하도록 강제할 권한이 부속한다. 그러나 칸트가 강조하듯이 하나의 "아버지 같은 통치[정부]"는 인간에게 금치산 선고[법적인 권리와 자격을 박탈]하는 것이며, (인간의 "정치적 자유"[XXIII 129]의) 모든 법[권리]들을 파면하는 것이어서 하나의 전제주의이다.

2) 신민으로서 모든 인간의 평등은 공동존재의 각각의 성원이 다른 법적주체[권리주체]들에 대해 똑같이 동등한 강제권[법]들을 갖는다는 것을 말한다. 이것으로부터 예외되는 자는 국가통수권자, 즉 주권자뿐이다. 이러한 평등의 이념과 더불어 칸트는 한 특정한 신분의 "세습적인 우선권"에 대항한다. 시민은 재능, 열심 또는 행운을 통하여 공동존재에서의 자신의 지위를 개선할 권리를 단지 범죄행위를 통해서만 잃어버릴 수 있다.[본서 38쪽 비교]

3) 마지막으로 자립성은 누가 한 국가에서 능동적인 시민, 즉 공동입법자일 수 있는지에 대한 사법으로부터 획득한 기준을 일컫는다. 시민적인 법칙들의 합법성은 이 법칙들이 보편적 인민의지에 의해

● ● ●

14. 본서 32-33쪽 비교. 『실용주의적 관점에서의 인간학』, VII 330-331쪽도 비교.
15. 이 세 가지에 대해서는 본서 33, 40-41쪽, VI 314쪽, XXIII 139, 143쪽, 『평화』 24쪽 비교.

원해질 수 있는지에 달려 있다. 그렇지만 모든 국가성원들이 또한 인민의지에 참여하는 것은 아니다. 법적인 의미에서 시민은 단지 투표권을 가지고 있는 자이다. 그러나 이 투표권을 단지 **"자기 자신의 주인"**인 자, "따라서 그를 먹여 살리는 그 어떤 **소유물**[자산](이러한 것으로는 또한 각각의 기술, 수공업 또는 아름다운 기술[예술]이나 학문이 헤아려질 수 있다)을 갖는"[본서 41쪽] 자만이 가질 수 있다.

이러한 사법적인 제외기준 외에 하나의 자연적인 제외기준이 언급된다. 아이들과 여자들은 공동입법자(능동적인 국[가시]민)가 아니라, 그들의 자연적인 미성숙성 때문에 "보호동료"[본서 40쪽](수동적 국[가시]민)로서 사회의 보호 하에 있다.

이 세 개의 원리들은 보편적 의지 일반으로서 인민이 법적으로 원할 수 있는 것, 그리고 그와 더불어 또한 사회계약의 대상일 수 있는 것의 영역을 규정한다.

이어서 "귀결"이라는 소제목 하에서 칸트는 프랑스 혁명과 관련하여 당시 정치적으로 가장 현행적이면서도 논란의 여지가 있는 물음, 즉 인민은 기존의 통치[정부]에 대해 복종을 거부하거나 그 정부 또는 통수권자를 전복시킬 권리를 가지는 상황들은 있는가? 보다 정확하게 말하자면, 법이론은 한 국가통수권자가 시민사회의 선험적 원리들을 위반하는 경우에 봉기를 위하여 인민이 호소할 수 있는 하나의 강제법[권]을 인정하는지의 물음을 다룬다. 결론적으로 칸트는 그러한 강제법이 있을 수 없다고 하며, 그 점에서는 홉스와 일치한다.

우선 그는 근원적인 계약 또는 사회계약이 하나의 역사적 사실로

── 이것이 "즐거운 입성"joyeuse entrée의 경우에 실제로 발생했듯이 [본서 51쪽 비교, 마이너 판 편집자 미주 10번 참조.]── 오해될 수 있는 것이 아니라, 오히려 각각의 입법자가 다음과 같이 의무 지워져 있는 하나의 이성이념을 서술한다는 것을, 즉 "각각의 입법자가 그의 법칙들을 그것들이 하나의 전체 인민의 통일된 의지로부터 생겨날 **수** 있었던 것처럼 제정하도록 그를 구속하고, 각각의 신민이 시민이고자 하는 한에서, 마치 그 신민이 하나의 그러한 의지에 함께 합치한 것인 양 그를 간주한다는 것"[본서 44쪽]을 지적한다. 그러므로 "각각의 한 공공의 법칙의 합법성에 대한 시금석"으로 일컬어지는 이러한 공명은 실제적인 찬성으로서가 아니라, "한낱 가능한" 찬성으로서 이해될 수 있다.

그래서 하나의 저항권의 이념은 바로 사회계약의 수립이 하나의 역사적 사건이었다는, 그리고 국가의 목적이 행복의 실현에서 보인다는 생각에 기인한다.[본서 50-53쪽 비교] 만일 의무개념이 아니고 행복이 국가의 목적으로 들어 올려진다면, 인민은 폭도가 되어 모든 헌정체제를 불확실하게 만들며, 주권자는 폭군이 된다. 물론 주권자에게는 그의 시민들의 행복실현을 조절하는 것이 허용되어 있다. 다만 그것이 법적인 상태를 보장하기 위한 하나의 수단일 경우에 그렇다. 그러나 그러한 보장을 위하여 그가 판단력의 부족으로 인해 부적합한 수단들을 사용한다고 할지라도, 이러한 수단은 어떠한 저항권도 구성하지 않는다.

입법자는 한 법칙이 법의 원리와 합치하는지 그렇지 않은지의 문제와 관련하여 원칙적으로 틀릴 수가 없는데, 왜냐하면 그는 "근원적인 계약의 저 이념을 틀릴 수 없는 지침으로 가지고 있고, 더욱이 **선험적으로** 손에"[본서 47쪽] 가지고 있기 때문이다. 그런데 실제의 주권자가 실제로 법의 이념을 위반하는 경우, 즉 그가 개별자의 대외적인 자유를 침해하며, 평등의 원칙으로 벗어나거나 그 개별자를 국제법에 위배되는 전쟁에 내보내는 경우는 어떠한가?

저항권의 거부는 원칙적이다. 국가통수권자 또는 주권자가 "근원적인 계약을 위반하고 그 권세가 행정부Regierung에 철저히 폭력적으로 (전제적으로) 조처하도록 전권을 위임함으로써 스스로 입법자라는 권리를 신민의 개념에 따라 박탈하게 만들었음에도 불구하고, 신민에게는 반대권력으로서 어떠한 저항도 허용되어 있지"않다.[본서 48쪽] 주권자와 인민 사이의 충돌의 경우에 누구에게 권리가 있는지에 대한 판단은 (법적평화를 보장하고 내전을 피하기 위하여) 강제력의 권한을 갖춘 한 상위의 심급에 부속해야만 할 것이다. 그러나 그러한 하나의 기관은 하나의 시민사회에서는 있을 수 없다. 왜냐하면 그 기관은 주권의 개념에 모순되기 때문이다.[본서 48-49쪽 비교] 그러므로 만일 국가통수권자와 인민 사이의 한 법적충돌의 경우에 결정권력을 가지고 있을 하나의 기관 또는 심급이 있다고 한다면, 주권자는 주권자가 아닐 것이다. 칸트는 공중성의 초월론적 원리에 근거한 저항권의 금지에 대하여서는 『영원한 평화를 위하여』 78-80쪽에서 논증하고 있다.

칸트에게서 저항과 반란에 대한 법적인 금지와 더불어 가능한 시민사회의 형태, 즉 국가형식으로서 왕정체[군주정체]와, 통치형식으로서 공화주의는 아나키Anarchie[무정부상태 또는 무법칙상태]로 몰락할 가능성을 배제한다. 아나키, 그리고 전제주의 또는 폭정이라 이름 할 수 있는 야만상태Barbarei는 시민적 헌정체제를 수립할 수 없다. 왜냐하면 앞의 두 형태는 시민적 헌정체제에서의 관건인 어떻게 자유, 법칙 그리고 이 양자를 매개하는 개념으로서 권력이 통일될 수 있는지의 문제를 최소한이라도 해결할 수 있는 조건을 갖추고 있지만, 뒤의 두 형태는 그러한 문제를 해결할 가능성이 전혀 없기 때문이다. 즉 아나키는 인간학-도나Dohna[1791/92년 겨울학기의 인간학 강의 필사본]에 따르면 하나의 "야생의 상태"이며, 그 상태에서는 "법칙과 합법적인 권력 없는 자유"가 지배한다는 것을 통하여, 그리고 저 저항과 반란의 법적인 금지를 모르는 야만상태는 "자유와 법칙이 없는 권력[폭력]"이 지배하는 상태로 특징지어지기 때문이다.[본서 51쪽, 52쪽 각주와 『평화』 31쪽 비교]

『실용주의적 관점에서의 인간학』(1798)에서 아나키에 대한 하나의 본질적인 새로운 규정이 발견된다. 그 아나키는 권력 없이 자유와 법칙이 지배하는 하나의 상태로 표상된다. 여기에서는 공법이 말해지고 있기 때문에, 칸트는 아-나키An-Archie를 생각될 수는 있지만, 그럼에도 인간들 가운데에서는 실현될 수 없으며, 따라서 그 실현의 시도는 필연적으로 하나의 "야생의 상태"에서 끝나게 되는 하나의 법적구성으로서 제시한다.16 그리고 또한 『인간학』에서 전제주의는 "자유 없는 법칙과 권력"[VII 330]이라 일컬어진다. 권력이 지배하지 않거나 단지 권력만이 지배하는 곳에서 우리는 시민적 사회의 공법과 관련하여 말하자면 법이 없는 공간에 처하게 된다. 그곳에서 우리

• • •

16. (출판되지 않은) 인간학-필라우Pillau (1777/78년 겨울학기)에 따르면 그런 식으로 규정된 하나의 헌정체제는 "단지 순전히 선한 부류의 인간들에게서만 발생할"[150쪽] 수 있다.

는 우리의 자유와 권리를 보장받을 수 없다. 그러므로 이러한 해석의 전제하에 인간은 하나의 시민적인 헌정체제에로 들어가는 것을 의무로 삼게 된다. 그러한 해석은 또한 국가들 사이의 법적관계에도 적용될 수 있다는 것을 내포한다. 왜냐하면 국가들 간의 자연상태도 마찬가지로 하나의 전쟁상태, 폭력상태이기 때문이다. 그래서 칸트에겐 참된 시민사회로서 공화국에서만 자유, 법칙 그리고 권력이 통일되어 있다. 공화적인 통치방식과 국가형식으로서의 왕정체의 법철학적인 칸트의 우대는 근원적인 계약에 따라 '위로부터의' 개혁을 통한 하나의 법적 진보가 가장 개연적이라는 그의 확신에 기인한다.

이제 칸트가 국가통수권자에 대한 신민의 저항권이 없다는 점에서 홉스와 일치하는 것이라면, 왜 그는 그 두 번째 절의 부제에서 이 홉스에 반대하는 것이라고 했는가?

칸트는 『시민에 대하여』에서의 홉스의 상론과 근본적으로 구별된다. 즉 시민사회는 국민이 더 이상 주권자에 맞서는 어떠한 종류의 법[권리]들도 가질 수 없고, 따라서 이 주권자가 국민에게 어떠한 경우에도 불법[부당함]을 행할 수 없는 그러한 구성만은 아니다. 물론 신민은 "그의 최고지배자가 그에게 부당하게 행하고 **싶어 하지 않는다.**"[본서 55쪽]고 상정해야만 한다. 그렇지만 시민에게는 무지나 실수로 인해 결정되었던 조처에 의하여 그에게 닥치는 부당함에 대하여 공적으로 자신의 의사를 말할 권한이 있다고 칸트는 말한다. 그에 따르면 출판과 언론의 자유, 즉 "펜의 자유"는 "유일한 인민권리들의 수호신"이다.[본서 56쪽] 시민은 한 국가의 시민이며, 그 국가의 주권자는 펜의 자유로 말미암아 국가에 대한 위험을 가정할 필요

없이 자신의 신민들의 판단을 고려할 수 있다. 인민이 의거하여 자신의 권리들을 (소극적으로) 판정할 수 있는 보편적 원리는 다음과 같다: **"한 인민이 자기 자신에 대해 결의할 수 없는 것을 입법자도 또한 그 인민에 대해서 결의할 수 없다."**[본서 57쪽]

그렇지만 군주의 의사형성과정이 폐쇄되어 있거나 실제로 주권자가 자신의 신민들의 의사를 고려하지 않는 사정에 있다면, 국[가시]민은 침묵으로 자신을 덮어 씌워야만 하고 소위 내적인 망명[반성 8043, XIX 590-591 비교]을 할 수밖에 없고, 적절한 기회가 올 때까지 자신의 출판물들과 더불어 다시금 공공에 나오길 기다릴 수밖에 없다. 그러므로 칸트는 홉스에 대하여 강제법[저항권]이 없을 때에도, 그러니까 그 강제법이 보장하지 않아서 인민에게 부당함이 가해지는 경우에 저항이 합법화되지 않을 때에도 국가통수권자에 맞선 인민의 손실될 수 없는 한 권리가 있다고 반론을 제기한 것이다.

이 절의 마지막에서 칸트는 위와 같이 상론한 국가법에 대한 이론이 선험적인 원리들에 근거 지어져 있다면, 그 국가법의 개념은 각자의 자유의 대립관계에서 충돌하는 인간들에 대해 결합하는 힘을, 즉 객관적 (실천적) 실재성을 가지며, 국가법에서 그러한 이론과의 일치함 없이는 어떠한 실천도 타당하지 않다고 한다.[본서 59쪽 비교]

3. 세 번째 절에서 칸트는 국제법에 있어서의 이론과 실천에 대한 논쟁을 다루는데, 말하자면 "보편적 인간사랑, 즉 세계시민적 견지"에서 다룬다.

우선 전체로서 인간종은 사랑받을 만한지 아니면 혐오스러운지의 물음이 제기되며, 그 물음의 대답은 한 다른 물음의 대답에, 즉 인간류가 더 좋은[선한] 상태로 진보할 수 있는지, 그리고 미래에 그 류의 악이 소멸될 가능성이 있는지 그렇지 않은지에 달려 있다. 즉 인간에게서 적어도 선에 대한 지속적인 접근과 동시에 인간의 근본적인 악이 사라지는 것을 희망할 수 있는 소질들이 보일 수 있을 때에만 인간종은 사랑받을 수 있다. 임의적으로 들리는 전체로서 인간종의 도덕적 진보에 대한 물음은 그래서 국제법에서의 이론과 실천에 대한 논쟁에 있어서 중심적인 것으로 나타난다.

셋째 절이 비판적으로 다루고 있는 모세스 멘델스존의 입장17에 따르면 인간의 역사는 하나의 지속적인 전진과 후퇴 또는 상승과 하강으로 이해된다. 이것에 따르면 실제적인 사건들과 사태들에 의거한 인간의 역사적 사실은 어떤 은폐된 섭리를 통하여 예정된 더 좋은[선한] 상태로 가는 길을 보여주지 않는다. 오히려 전체적인 역사의 안목으로 볼 때, 수많은 덕과 악덕이, 종교와 비종교가 동일한 수준으로 머물러 있을 뿐이다. 그의 입장은 최소한 부분적으로 인간의 부패에 대한 유대적 표상들에 의해, 그리고 유대교나 기독교의 교리가 인간의 악의 근절불가능성과 인간적 계획을 통한 구원의 불가능성을 강조하는 것에 의해 유발되었을 것이다.

그렇다면 이제 칸트가 "나는 다른 견해에 있다"[본서 63쪽]고 할

• • •

17. 칸트는 「떨어진 낱장-크라카우」에서의 인간종의 진보에 대한 물음 ("인간종은 더 좋은[선한] 상태로의 지속적인 진보 속에서 파악되는가?")을 거론한다. 그것은 나중에 개정된 형태로 『학부들의 논쟁』, Losen Blatt Krakau의 제2절로서 출간된다. 멘델스존에 대한 반박은 그 수고 「떨어진 낱장-크라카우」의 1쪽에서 발견된다.

때, 그가 어떤 선택의 편을 들지는 분명하다. 멘델스존이 파악하고 있는 인간의 역사적 사실과 섭리Vorsehung의 관계는 칸트의 것과는 근본적으로 다르다. 그것은 관점과 사유방식의 차이이다. 멘델스존에게 부패한 인간역사의 사실은 경험적으로 주어진[실제로 일어난], 그러나 보편성을 담보할 수 없는 사실Tatsache이며, 그럼에도 그는 이 사실을 반복적 발생을 근거로, 그러나 설득력 있는 논증 없이 단순히 보편적 원리로서의 섭리의 의도와 계획에 포섭시켜버린다. 시간 속에서 개별적인 경험의 사실들은 무한하기 때문에, 오히려 멘델스존의 관점과 사유방식은 알 수 없는 섭리에 대한 증명일 뿐이고, 또한 경험주의가 필연적으로 회의주의로 전락하는 것임을 보여주는 경험론의 반복일 뿐이다. 반면에 칸트에게 인간의 역사적 사실은 의무에 의거한 도덕원리로서의 인류의 도덕적 진보라는 필연적인 전제를 확인해주는 사실Faktum로서 칸트에 의하면 증명을 필요로 하지 않는다. 그리고 섭리는 칸트에게서도 인식할 수 없는 작용인 것은 마찬가지이지만, 그 섭리의 주체로서 초월적인 한 지혜로운 세계의 창시자이며 통치자는 우리 안의 신적인 것인 도덕성에서 그 실천적 실재성을 발견할 수 있기 때문에, 칸트는 섭리의 의도와 지혜에 도덕적 성격을 부여한다. 그래서 칸트에게 섭리는 인간의 행위와 본성에 소극적으로 작용하는 역학적 파트너이며, 역사에서 인류의 도덕적 진보의 사실을 보증해주는 보조자의 역할을 수행한다.[본서 67, 71쪽과 『평화』 41-53쪽 비교] 칸트에게 신의 존재와 현존은 인식할 수 없고 증명할 수 없지만, 그렇다고 단적으로 부정되지도 않는다. 그래서 그에게, 그리고 우리에게 유의미한 신은 오로지 윤리-신학적인 신, 즉 내 안의 그리고 우리 안의 도덕적인 신성뿐이다.

그의 첫 번째 논증은 이렇다. 우리의 후손에게서는 개선되어 있도록 노력해야 하는 우리의 의무와 결합된 더 좋은 시대에 대한 희망은 폐지될 수 없다. 왜냐하면 그 희망은 인간역사의 실제적인 과정으로부터 생긴 반증들에 대해 면역성을 지니고 있기 때문이다.[본서 63-67쪽 비교] 이것은 속된 말로 '당해보면 안다'는 속설과 역사 변증법의 칸트식 판본이다. 칸트적 도덕원리의 실재성이 우선적으로 윤리적 실천 자체의 개선에 대한 숙고들과는 무관하게 제시되었던 가르베와의 논쟁에서처럼 칸트는 관찰될 수 있는 사태, 즉 사실 Faktum의 층위에서 그 논쟁을 진행시킨다. 즉 "게다가 전체적으로 인간종이 실제로 우리의 시대에 있어서 모든 지나간 시대들과 비교하여 외견상으로조차도 도덕적—더 좋은[선한] 상태로 진전하여 있다는 많은 증명들이 주어질 수 있다."[본서 66쪽]

칸트의 증명 방식은 바로 어떤 것이 이러한 신보를 가능하게 해야 할 수단인지의 물음에 답하는 방식이다. 우리는 인간이 혼자서 자유로운 결정에 의해 사울에서 바울로 변화되는 것을 희망해서는 안 된다. 오히려 사정은 이렇다. 우리는 인간의 [자연적] 본성 자체를 통하여, 또는 섭리에 의해서 하나의 다른 궤도를 추적해야 할 필요가 있다. 즉 우리가 우리를 공공의 법칙들에 예속시키고 하나의 국[가 시]민적인 헌정체제에 들어가야 할 필요가 있었던 것처럼, 국가들 사이의 자연 상태로부터 하나의 공동체적으로 합의된 국제법에 따른 국가들의 한 연합으로서 하나의 세계시민적인 헌정체제로 이행하기 위하여 우리에게는 전쟁들로 인한 곤궁과 위기가 필요하다.[본서 67쪽 비교] 국가들은 전쟁의 주당사자에게, 즉 인민에게 전쟁을 해야 할지 말아야 할지에 대한 결정권이 귀속되도록 조직되어야만 한다.[본서 68쪽, 『평화』 26쪽 비교] 우리는 이것이 국가가 공화적인 원칙들에 따라 통치될 때의 경우임을 보았다. 그러한 국가에서 주권자는 보편적인 인민의 의지와 일치하는 법칙들만을 제정한다.

인류의 역사와 인간의 자연[본성]에 대한 하나의 목적론적 해석을 서서히 없애버리는 것과 마찬가지로 국가들 사이의 국제법적인 관계들이 어떠해야 하는지에 대한 하나의 표상을 갖는 것[본서 71쪽 비교]을 단념하는 것은 결국 하나의 실제적인 법의 진보를 포기하는 것과 다름없다. 칸트는 또한 인류의 도덕적 진보를 위한 수단으로 교육을 언급한다. 제휴[군주]들은 그들의 신민들의 교양과 교육을 위한 돈을 남기지 않는다. 왜냐하면 그들은 전쟁준비와 전쟁을 위하여 그 돈을 지출하기 때문이다. 그러므로 하나의 진보는 국가들이 내부적으로 그들이 더 이상 전쟁수행에 관심을 갖지 않고 하나의 자유로운 국가들의 연맹 안에서 연합할 때만 생각될 수 있다. 그 자체 평화애호적인 국가들은 그들의 부를 그들의 시민들의 교육과 교양을 위하여 사용할 것이며, 그것은 정언적 명령이 공공의 교육의 원칙으로 사용되는 것 외에 다른 아무것도 의미하지 않는다. 만일 이것이 칸트가 가르베에 대해 반론하였던 경우라면, 도덕원리는 우리의 도덕적 마음가짐의 확고한 원칙이 될 것이며, 그 원리의 현실성은 또한 인간의 실제적인 행위들에서 입증될 수 있을 것이다.[『평화』 49-50쪽 비교] 마지막으로 칸트는 다음과 같이 말한다.

나는 그와 반대로 나의 입장에서 어떻게 인간들과 국가들 사이의 관계가 **존재해야 하는지**를 법적원리로부터 도출하는 이론을, 그리고 지상의 신들에게 그들의 분쟁거리들에 있어서 언제나 하나의 그러한 보편적 국제국가가 인도되도록 조치하게 해주고, 따라서 그 국제국가를 (**실천에 있어서**in praxi) 가능한 것으로서, 그리고 그 국제국가가 **존재할 수 있다**고 상정하게 해주는 준칙을 천거하는 이론을 신뢰한다.[본서 71쪽]

그리하여 칸트는 국제법에서도 "이성근거들로 인하여 이론에 있어서 타당한 것은 또한 실천에 있어서도 타당하다."고 주장한다.

Ⅲ. 맺음말

자연과 자유는 칸트가 한편에 이론철학을, 다른 한편에는 도덕과 국가 및 국제법의 영역들을 가진 실천철학을 배치하는 두 영역들이다.[18] 자유는 경험의 대상이 아니며, 실천철학은 오히려 선험적 자유의 법칙들 또는 원리들에 기인하는 하나의 분과이다. 실천적인 것에 대해 하나의 규범적으로 이해된 이론의 한낱 이상성이라는 비난은 칸트에 따르면 근거지어지지 않은 것으로 증명된다. 왜냐하면 의무개념에 기인하는 이론은 이미 실천이며, 따라서 당위Sollen는 하나의 할 수 있음Können을 포함한다.[본서 10-11쪽과 『평화』 59쪽 비교] 이 프로그램을 위한 유일하게 가능한 대안은 정언적 명령을 가언적 명령을 통하여 대체하는 것에 있다. 그렇지만 (가르베의 것과 같은)

● ● ●

18. 이것에 대해 『판단력비판』의 서문 비교.

하나의 경험적-경험론적인 도덕철학, 즉 그 원리들이 실제적인 행복의 기대들, 소망들, 동기들 그리고 인간의 행위들로부터 획득하는 도덕철학은 필연적으로 하나의 파국에, 말하자면 도덕개념의 폐지[본서 24쪽 비교; XXIII 163] 속에서 끝난다. 그러므로 이론은 단지 유토피아적인 것 또는 한낱 사고들의 놀이의 장소와 자기목적이 아니라, 법적관계들의 개선에 방향이 맞추어진 하나의 동역학적인 구성요소가 본질적으로 작동하는 하나의 도덕적이고 법적인 실천을 위하여 구성적이다.[본서 9-10쪽, 『평화』 59-60, 75-76쪽 비교] 그러므로 법으로부터 자유로운 "정치적인 것"의 공간은 없으며, 정치는 "실행하는 법론 이외의 다른 아무것도 아니다."[『평화』 59쪽]

옮긴이 후기

"철학자들은 세계를 단지 다양하게[상이하게] 해석하였지만,
관건이 되는 것은 세계를 변화시키는 일일 것이다."[1]

포이어바흐에 대한 맑스의 이 마지막 11번 테제는 이 지상의 모든
철학자들을 긴장시킨다. 왜냐하면 이것이야말로 철학의 바깥에서
철학을 향한 진지한 비판이기 때문이다. 맑스는 이 선언으로 말미암
아 스스로 철학자가 아님을 표명하는 것으로, 적어도 그 자신이 단지
이론적 철학자임을 거부하는 것으로 보인다.

● ● ●

1. "Die Philosophen haben die Welt nur verschieden interpretiert, es kömmt drauf an,
sie zu verändern." [칼 맑스, 「포이어바흐에 대한 테제들」Thesen über Feuerbach. 11번,
맑스 엥겔스 전집(MEW) 3권, 7쪽. 옮긴이 번역.]

이 테제는 직업철학자는 아니지만, 자주 철학적 텍스트들을 탐구하고 그 속에서 습득한 철학적 도구와 장비들을 가지고 세계 자체를 텍스트로 삼으려는 나에게도 늘 도전적이었다. 이 테제를 처음 접한 것은 맑스의 책이 아니라, 베를린 홈볼트 대학 본관의 로비의 정면 벽면에 새겨진 글귀로서였다. 나는 이 테제를 단지 그것이 우리에게 긴급하고 중요한 것을 언명하고 있다는 것을 인정하기에 맑스의 맥락을 의심치 않고 그대로 받아들였다. 실로 우리 모두는 (어쩌면 이 '지상의 신들'까지도) 맑스와 마찬가지로 더 나은 상태로의 세계의 변화를 원한다. 그러나 어떻게? 이제 이 물음과 더불어 나는 맑스를 의심해 본다. 그래서 이 테제에 이르도록 하는 앞의 몇 개의 테제들을 여기서 확인해 보고 싶다. 제1번 테제는 다음과 같이 말한다.

"(포이어바흐를 포함하여) 지금까지의 모든 유물론의 주요결함은 대상, 현실성, 감성이 단지 **객체 또는 직관**의 형식 하에서만 파악된다는 것이며; **감성적인 인간의 활동성**[행동, 행위]*Tätigkeit*, **실천**으로서, 즉 주체적으로 파악되지 않는다는 것이다. 그래서 **활동적** 측면은 [새로운] 유물론과 반대로 추상적으로—당연히 현실적인, 감성적인 활동성 그 자체를 알지 못하는—관념론으로부터 전개된다. […] 그러나 그[포이어바흐]는 인간의 활동성 자체를 대상적인 활동성으로 파악하지 않는다. 그는 '기독교의 본질' 속에서 이론적 태도만을 진정한 인간의 태도로 보는 반면에, 실천은 단지 그 실천의 더러운 유대적*jüdischen* 현상형식으로만 파악되고 고정된다. 그래서 그는 '혁명적인', '실천적-비판적인'

활동성의 의미를 이해하지 못한다."[맑스 엥겔스 전집(MEW) 3권, 5쪽. 옮긴이 번역. 강조는 맑스의 것임. 아래에서도.]

이것은 세계에 대한 이제까지의 유물론의 이론이, 또는 철학의 이론이 대상에 대한 현상적 인식이나 기껏해야 그 현상의 원리적 인식에 머물렀을 뿐, 이 세계가 어떠해야 하는지에 대한 변화를 요구하는 실천적 실재성을 도외시 하였다는 것이다. 이어서 맑스는 다음과 같이 이론 자체만의 무용성과 실천의 선행성을 주장한다.

"인간의 사유에 대상적인 진리가 부속하는지의 물음은 이론의 물음이 아니라, 하나의 **실천적인** 물음이다. 인간은 실천 속에서 진리를, 즉 자신의 사유의 현실성과 힘, 그리고 현세성을 증명해야만 한다. 사유──이것은 실천으로부터 고립되어 있다──의 현실성 또는 비현실성에 대한 논쟁은 하나의 순수 **스콜라적인** 물음[문제]이다."[2번 테제]

또 동일한 맥락에서 그는 이론적 유물론에 대해서 다음과 같이 비판한다.

"상황들의 변화와 교육에 관한 유물론적 교설은 상황들이 인간들에 의해 변화되어야만 하고 교육자가 스스로 교육되어야만 한다는 것을 망각한다. 그래서 그 교설은 사회를 두 부분으로 ──그 두 부분들 중 한 부분은 그 사회보다 더 높아져 있다── 분리할 수밖에 없다. 상황들을 변화시키는 것과 인간의 활동성[행동] 또는 자기변화의 합치는 단지 **혁명적 실천**으로서만 파악될 수 있고 합리적으로rationell 이해될 수 있다."[3번 테제]

그리고 그는 그가 바라보는 세계가 어떠해야 하는지를 10번 테제에서 다음과 같이 말하고 있다.

　"낡은 유물론의 입장은 시민의[부르주아의]bürgerliche 사회이며, 새로운 유물론의 입장은 인간의 사회 또는 사회적 인류[인간성]Menschheit이다."

그러므로 맑스는 혁명적인 실천 속에서 시민적 사회가 아닌, 인간의 사회로의 변혁을 시도한다. 그러나 여기서 나의 의심은 더 확고해진다. 그렇다면 왜 맑스는 인간의 사회로의 전환을 요구하는가? 그는 그의 '인간의 사회 또는 사회적 인류'를 어디에서 가져오는가? 도대체 그는 무엇을 보고 있기에 그러는가? 그는 세계가 어떠해야 하는지에 대한, 따라서 진리에 대한 그의 근본적인 통찰을, 즉 그의 이론적 행위를 그 자신도 눈치 채지 못한 채 실천에 붙들려 속고 있는 것이 아닌가? 이론은 공허하고 무기력하며 게으르기 때문에, 오로지 실천만이 우리의 세계를 변화시킬 수 있다고 말이다. 그러나 원리적으로 이론의 선행 없이 실천은 불가능하다. 무엇을 실천해야 할지에 대한 통찰이 없는 실천은 무엇을 해야 할지 모르기 때문이다. 그렇다면 맑스가 그렇게 이론을 공허한 것으로 간주하여 폐지하거나, 이론에 대해 실천의 선행성을 주장할 때, 그는 그 자신 비록 철학자가 아니라 할지라도, 실천적 이론가로서 자기 수행적 모순을

범하고 있는 것은 명백한 사실이지 않은가?

플라톤에게서 이론(테오리아)은 그 어원적 사용과 관련하여 감성적인 바라봄일 뿐만 아니라 정신적인 관찰이기도 하다. 또한 아리스토텔레스에게서도 이론은 앎의 최고 단계이고 실천[프락시스]의 최고 형식이며, 또한 실천의 본래적인 의미로서 삶의 형식이기도 하다. 하나의 실천적 이론으로서 세계가 어떠해야 하는지에 대한 이론가로서의 문제성은 칸트와 맑스가 공통적이지만, 그 문제성의 포착방식과 해결을 위한 방법론은 정반대의 방향으로 나아간다. 칸트가 철저히 그 문제에 대해 이론적으로 보편적이고 이성적인 의무개념을 규정하고 그 근거에 의한 수단의 추구와 실천, 즉 그 이론의 실천적 실재성을 증명하는 방식인 반면에, 맑스는 경험적 실천——또한 그는 여전히 행복의 원리——에 의거한 실천방식을 요구한다. 세계변화가 인간의 행복과 복지의 문제라면, 칸트의 말대로 "본래적으로 이론은 전혀 유효하지 않고, 모든 것은 경험에 잘 따르는 하나의 실천에 기인한다."[본서 59쪽] 그러나 세계가 어떠해야 하는지는 당위의 문제이다. 그렇다면 이제 나는 과감히 말하여 칸트의 도덕과 정치이론은 실천을 위하여 쓸모 있지만, 맑스의 세계변화의 기획은 이미 그의 이론에 있어서 옳지 않은 것일지도 모른다. 왜냐하면 그는 무엇보다도 그의 실천을 위한 그 자신의 이론적 작업을 역사의 경험적 사실로부터 추론하고, 그 경험적 사실에 대한 분석이 제아무리 완전하게 이루어진다 해도 시간 속에서 그 경험의 사실들이 무한히 전개되고 변화하는 이상, 모든 경험적 사실에 대한 분석은 불가능하므로 그의 이론적 작업은 불충분할 수밖에 없기 때문이다.

철학에서의 칸트적 혁명을 인정할 수 있다면, 우리는 그가 말하는 것처럼, 칸트 이전까지 논리학이 아리스토텔레스 이래로 단 한 걸음의 진보도 없었다고 하는 것과 마찬가지로 지금까지의 모든 윤리학에서의 원리가 행복이었다는 점에서 그 윤리학뿐만 아니라, 그 윤리학에 근거하는 모든 실천철학에서도 단 일보의 진전도 없었다고 할 수 있을 것이다. 칸트의 논리학 또는 인식론에서의 혁명은 주지하듯이 그 속에 주관성 또는 주체성이 근거로서 자리 잡고, 또한 더불어 그 주관성의 보증을 위하여 지금까지의 논리학에서 배제되었던 시간의 계기가 들어간다는 것 — 초월론적 연역 — 을 통하여 동시에 객관적 실재성을 확보함으로써, 그리고 윤리학에서는 지금까지의 원리로서 행복을 전복시키고 그 자리에 순수 실천이성에 의한 의무개념을 앉힘으로써 진보의 한 걸음을 내딛는 것이었다. 이 의무개념에 의한 행위는 우리의 행복을 보장하지 않는다. 하지만 칸트는 인간의 행복을 포기하는 것이 아니라, 오히려 여기에서도 마찬가지로 진보하는 역사적 시간의 계기를 통하여 인간과 인류의 유예된 행복을 결과로서 이 지상에서 기대하고 희망하는 것이다. 이 저작에서 언급되는 홉스의 실천철학으로서의 국가철학이 시간의 계기를 결여하고 있는 데 반해, 맑스의 이론은 저 역사적 시간의 사태들에 함몰되어 있고, 그 사태들로부터 추론하여 실천의 원리를, 거칠게 말하자면, 다시 행복으로, 또는 실제적인 선으로서의 이데올로기 또는 세계관으로 되돌린다. 이것은 에티엔 발리바르가 그의 책에서 스피노자의 "『윤리학』이 진정한 반코페르니쿠스적 전회를 성취하고 있다고 주장하는 것"[2]과 같은 맥락에서 맑스가 칸트의 코페르니

- - -
2. 에티엔 발리바르, 『대중들의 공포: 맑스 전과 후의 정치와 철학』, 최원/서관모

쿠스적 전회[3]를 실천철학에서 다시 뒤집는 것이다. 코페르니쿠스적 전회가 단순히 사유방식의 혁명에 대한 은유만을 위한 사용이 아니라, 불가역적인 사실에 관한 것이라면, 재전복은 (맑스 스스로 말하는) 진리에 대한 반역일 뿐이다.

우리의 경험의 한계가 곧 우리의 세계의 한계임은 분명하지만, 철학의 눈이 없이 우리는 그 세계가 어떠해야 하는지를 보지 못한다. 그러한 통찰 없이 세계는 마치 철학의 눈이 빠져 있는 키클롭스의 괴물적인 박학다식함으로 가득한 잡다하고 맹목적인, 근거지어지지 않은 세계일 뿐이다. 단지 세계가 어떠한지만을 분석하고 해석하는 이론은 실천에 있어서 쓸모가 없을 수 있으며, 세계를 변화시킬 수도 없을 것이다. 앞의 맑스의 철학(자)에 대한 비판은 바로 여기에 초점이 있는 것이다. 그러나 그 자신은 이 초점을 놓치고 있다. 왜냐

• • •

옮김, 도서출판 b, 2007. 111-121쪽 참조.

3. 칸트는 '코페르니쿠스적 전회'kopernikanische Wende라는 표현을 자신의 출판된 저술에서는 한 번도 직접적으로 사용한 적이 없다. 다만 알고 있듯이 그가 『순수이성비판』의 서문에서 자신의 인식의 준거점의 역전에 대해 별들의 운동을 바라보는 관점을 지구중심에서 태양중심으로 바꾼 코페르니쿠스의 혁명적 사유방식을 언급하는 것이 전부이다. 누가 그 표현을 최초로 사용하였는지는 적어도 나에겐 알려져 있지 않지만, 많은 사람들이 칸트의 직접적 표현으로 알고 있다. 실례로 위의 발리바르의 책의 옮긴이도 자신의 역주(114쪽)에서 이러한 재미있는 실수를 범한다. 이와 유사하게 '인간이란 무엇인가?'라는 물음도 칸트 자신이 출판한 저술 속에서는 발견되지 않는다. 다만 칸트 사후에 출판된 푈리츠Pölitz의 『형이상학 강의』 필사본에서 그 물음은 『순수이성비판』의 유명한 세 가지 물음과 더불어 그 세 가지를 종합하는 물음으로 표현되어 있다. 이러한 것들은 마치 아담과 이브가 에덴동산에서 금지되었음에도 불구하고 취했던 과일이 사과였다고 사람들이 믿고 있는 것과 유사하다. 특히 서양에서 성인 남자의 불거져 나온 성대를 아담이 당시 먹다 목에 걸린 사과라고 하여 '아담스 애플'이라고 부르는 것은 대표적이다.

하면 그는 스스로 그렇게 여러 가지의 분석들과 해석들 중 하나에 머물러 있기 때문이다. 세계의 변화를 위한 철학과 이론은 분석과 해석의 철학일 수 없다. 말하자면 세계를 변화시키는 것의 문제는 새로운 질서짓기(이론적 실천)의 문제가 아니라 근거짓기(실천적 이론)의 문제로서, 그 근거짓기의 정당성이 선행해야만 한다. 칸트 철학의 눈은 세계 내에서 발생해야 할 것이 무엇인지를 규정하며, 그 발생해야 할 것이 이 세계 내에서 발생할 수 있다는 것을 본다. 다시 말해서 칸트는 우리에게 존재해야 할 것을 규정하고, 또한 그것 이 존재할 수 있다고 강변한다. 그것이 바로 우리가 우리의 세계를 근거 지을 수 있는 유일한 방법이며, 칸트의 도덕이고 동시에 그의 전 철학을 끌어당기는 중력과 중심이다.

한국에 처음으로 번역되는 칸트의 이 저작과 더불어 나는 우리시 대와 사회에 이론–실천–논쟁이 한번 제대로 현행적이길 희망한다. 이제 나는 이 희망을 품게 하고, 그보다 먼지 역자로서 검증되지 않은 옮긴이에게 선뜻 지난번 최초의 번역을 요청하였고, 그것이 그다지 훌륭하지 않음에도 불구하고 이 두 번째 번역을 이어서 신뢰 로서 맡겨 주신 도서출판 b의 대표 조기조 선생님과 이성민 기획위 원께, 거친 번역 원고에 대한 교정과 편집을 위하여 고생하신 백은주 선생님께, 그리고 누구보다도 이 칸트 번역들을 의뢰하고 독려한 이신철 선배님께 깊은 감사의 마음을 지난 번 못한 것까지 더하여 두 배로 전한다.

2011년 6월 제주

오진석

찾아보기

한국어판 ⓒ 도서출판 b, 2011

속설에 대하여

초판 1쇄 발행   2011년 8월 30일

지은이   임마누엘 칸트
옮긴이   오진석
펴낸이   조기조

펴낸곳   도서출판 b
등록   2003년 2월 24일 제12-348호
주소   151-899 서울특별시 관악구 미성동 1567-1 남진빌딩 401호
전화   02-6293-7070(대)
팩시밀리   02-6293-8080
홈페이지   b-book.co.kr
이메일   bbooks@naver.com

ISBN   978-89-91706-46-0   93160

값   10,000원

* 잘못된 책은 교환해 드립니다.